·法律与社会书系·

应急管理视域下消防监督管理的走向与未来

张 华 | 著

光明日报出版社

图书在版编目（CIP）数据

应急管理视域下消防监督管理的走向与未来／张华著．--北京：光明日报出版社，2023.5
ISBN 978－7－5194－7191－0

Ⅰ.①应… Ⅱ.①张… Ⅲ.①消防—监督管理—研究—中国 Ⅳ.①D631.6

中国国家版本馆 CIP 数据核字（2023）第 078109 号

应急管理视域下消防监督管理的走向与未来
YINGJI GUANLI SHIYUXIA XIAOFANG JIANDU GUANLI DE ZOUXIANG YU WEILAI

著　　者：张　华	
责任编辑：史　宁　陈永娟	责任校对：许　怡　李　兵
封面设计：中联华文	责任印制：曹　净

出版发行：光明日报出版社

地　　址：北京市西城区永安路 106 号，100050

电　　话：010-63169890（咨询），010-63131930（邮购）

传　　真：010-63131930

网　　址：http://book.gmw.cn

E - mail：gmrbcbs@gmw.cn

法律顾问：北京市兰台律师事务所龚柳方律师

印　　刷：三河市华东印刷有限公司

装　　订：三河市华东印刷有限公司

本书如有破损、缺页、装订错误，请与本社联系调换，电话：010-63131930

开　　本：170mm×240mm

字　　数：167 千字　　　　　　　　印　　张：12.5

版　　次：2023 年 5 月第 1 版　　　　印　　次：2023 年 5 月第 1 次印刷

书　　号：ISBN 978－7－5194－7191－0

定　　价：85.00 元

版权所有　　翻印必究

序　言

　　这是一个伟大的时代，在实现中国梦的新征程上，需要每个人为之奋斗。这是一个未知的时代，等待着每个人，也是一个充满期待的时代，需要我们激流勇进，继续努力拼搏。

　　作为为应急管理事业奋斗的一分子，我有幸在消防救援阵线上践行着自己的初心和使命。在消防监督管理领域，一直思考着怎么解决当前的问题，和怎样才能够往前看，试图以应急管理视域下的消防监督管理的发展走向来命题，探讨消防监督管理的若干重要性问题，尝试提出解决问题的新思维、新路径。

　　本书探讨了应急管理视域下消防监督管理的发展走向，以及应急管理的未来发展。本书富有创新性、前瞻性，提出了解决当前问题的新思维和新路径，同时另辟蹊径，以特有视角将相关理论嵌入消防领域，兼具理论性与实用性，使理论与实践高度契合。本书读者对象主要是党政机关人员，包括奋战在一线的应急管理人员、消防救援人员，大专院校师生、科研院所工作人员和相关企业从业人员。

　　全书分五章展开论述：第一章立足于风险社会理论，将消防监督管理置于风险社会中进行观察，通过消防概念辨识分析火灾风险与火灾危险、火灾隐患、消防安全，同时在消防认知、消防应对、消防刑事责任方面提出相应观点；第二章将本质安全理念嵌入消防管理领域，提出一切火灾事故皆可防可控的理念，消防管理安全本质化在于消防管理四要素的交互统一，在火灾致因上互相抑制，在消除隐患上彼此弥补，以实现本质性安全；第三章剖析基层网格化治理的内卷化难题，分析新时代消防基层治理的相关实践，探讨消防管理到消防治理的转向，消防基层治理与联合执法、综合执法、委托执法的关系，并探析消防基层治理的拓展及深化路径；第四章以公共关系学原理为基础，提出构建消防公共关系，探讨消防危机管理及新形势下的消防宣传教育发展方向；第五章着眼于应急管理的未来发展，探讨了应急管理的发展前景、未来挑战及其国际化趋势。

  从不同的角度切入，本书各章分别探讨了相应的话题，看似独立，但是各章之间是有机融合的，如应急管理视野、风险社会理念这条线等。就理论与实践而言，要构筑起沟通的桥梁，关键在于我们秉持怎样的思想理念、思维方式，还有方法论，这在书中提及不少次。由于撰写时间及主题，有些问题还未能进一步展开，论题可以再深挖，应急管理、消防领域还有许多课题值得深思与研究。由于笔者水平有限，文中存在错漏之处在所难免，敬希各位读者批评指正。

  从撰写到成书的过程，感悟不少，收获良多，以期能够引起共鸣，使读者在各自的岗位上，为应急管理事业贡献力量。感恩组织栽培，感谢国家消防救援局、省消防救援总队的关心鼓励，感恩支队、大队的关怀支持！感恩我的两位导师，多年的成长离不开他们，同时，也离不开家人的理解与支持！

2023 年 1 月于上海

目 录
CONTENTS

第一章　风险社会中的消防监督管理 ……………………………… 1
  第一节　风险社会中的消防概念辨识 ………………………… 1
    一、风险社会学中的风险 ………………………………………… 1
    二、火灾风险与若干概念 ………………………………………… 9
    三、消防概念辨识的价值 ………………………………………… 15
  第二节　风险社会中的消防认知 ……………………………… 19
    一、火灾风险的客观存在性 ……………………………………… 19
    二、火灾风险的动态复杂性 ……………………………………… 21
    三、从现实关注到理论自觉 ……………………………………… 23
  第三节　风险社会中的消防应对 ……………………………… 24
    一、风险社会中消防的二阶观察 ………………………………… 24
    二、避免运动式执法的依赖倾向 ………………………………… 27
    三、针对风险的消防应急与防范 ………………………………… 30
  第四节　风险社会中的消防刑事责任 ………………………… 34
    一、消防刑事责任归责原则 ……………………………………… 34
    二、消防责任事故罪的困境 ……………………………………… 41
    三、消防责任事故罪的出路 ……………………………………… 51

第二章　本质安全理念在消防管理中的应用 …… 58
第一节　消防管理安全本质化 …… 58
一、标本兼治的本质安全理念 …… 58
二、消防管理引入本质安全理念的考量 …… 64
三、一切皆可防可控的本质安全理念 …… 69

第二节　消防管理安全本质化的四要素 …… 74
一、消防管理主体的安全本质化 …… 74
二、消防管理对象的安全本质化 …… 79
三、消防设施设备的安全本质化 …… 83
四、消防管理环境的安全本质化 …… 88

第三节　消防管理安全本质化的交互统一 …… 91
一、系统论视野下的互补性 …… 91
二、消防管理要素的交互统一 …… 93
三、消防安全的持久性稳定 …… 95

第三章　新时代消防基层治理的实践与拓展深化 …… 97
第一节　基层网格化治理的内卷化难题 …… 97
一、网格化治理内卷化之特征 …… 98
二、网格化治理内卷化之根源 …… 100
三、网格化治理内卷化之破解 …… 103

第二节　新时代消防基层治理的实践 …… 108
一、由消防管理转向消防治理 …… 108
二、消防基层治理与联合执法 …… 114
三、消防基层治理与综合执法 …… 116
四、消防基层治理与委托执法 …… 119

第三节　消防基层治理的拓展及深化 …… 123

一、消防基层治理的现代理念 …………………………………… 123
　　二、公安派出所的消防监督管理 ………………………………… 125
　　三、消防治理基层单元的发展 …………………………………… 128
　　四、打造共建共治共享的格局 …………………………………… 130

第四章　以公共关系学原理为基础的消防公共关系 …………… 133
　第一节　公共关系学与消防宣传教育 ……………………………… 133
　　一、公共关系学的一般原理 ……………………………………… 133
　　二、消防宣传教育的新内涵 ……………………………………… 137
　　三、消防领域公共关系建设 ……………………………………… 141
　第二节　公共关系学原理下的消防危机管理 ……………………… 144
　　一、消防危机管理的基本原则 …………………………………… 144
　　二、消防危机处置的一般程序 …………………………………… 147
　　三、消防危机管理的制度机制 …………………………………… 149
　　四、消防法治素养与能力建设 …………………………………… 151
　第三节　新形势下的消防宣传教育发展方向 ……………………… 153
　　一、消防安全知识的普及 ………………………………………… 153
　　二、消防法制的宣传教育 ………………………………………… 156
　　三、消防多元治理的参与 ………………………………………… 158
　　四、消防文化的互动共鸣 ………………………………………… 160

第五章　应急管理的未来发展 ……………………………………… 162
　第一节　应急管理的发展前景 ……………………………………… 162
　　一、应急管理与安全主题 ………………………………………… 162
　　二、应急管理的权责匹配 ………………………………………… 164
　　三、应急管理的伟大使命 ………………………………………… 167
　第二节　应急管理的未来挑战 ……………………………………… 169

一、应急管理的内外环境 …………………………………… 169

二、应急管理体系与能力现代化 …………………………… 171

三、应急管理的风险防范 …………………………………… 173

第三节　应急管理的国际化趋势 …………………………… 176

一、全球灾害预防和治理 …………………………………… 176

二、应急管理的交流合作 …………………………………… 178

三、中国应急管理国际话语权 ……………………………… 180

参考文献 …………………………………………………………… 182

第一章

风险社会中的消防监督管理

第一节 风险社会中的消防概念辨识

一、风险社会学中的风险

（一）风险社会学

风险社会学是专门直面"风险的社会"创立的学科子领域。"风险社会"的提出，并非偶然。20世纪中叶，人类社会由工业经济时代向知识经济时代过渡；从70年代开始，人类社会进入迅猛发展的新时代。这一时代的典型特征，就是偶然性、矛盾性和不确定性越发明显，这是一个充满复杂性、不确定性、突变性的时代，考验着人类社会发展。人类社会由此面临危机挑战，经济风险、政治风险、社会风险叠加，文化风险迎面而来，危及执政而产生的风险，多种风险纵横交错，充斥着不确定因素。德国人类学家和社会学家乌尔里希·贝克（Ulrich Beck）是"风险社会"的创始者。1986年，贝克在其著作《风险社会》（Risk Society）中首次提出"风险社会"，他对"风险"有相应描述，"风险可被定义为以系统的方式应对由现代化自身引发的危险和不安"①，遗憾的是贝克对风险社会概念并没有进行准确的定义。直到 2000 年，《风险社会再思考》一文对风险（或世界风险社会）概念的含义进行了概括。②

风险社会学的发展是一个从风险社会理论（risk society theory）的提出到后来学者对该理论不断进行研究的发展过程。许多社会理论家投身风险研究，并提出了各具特色的理论见解。在经典的风险社会学理论中，可以将理论学派分为两类：一类是客观主义学派，另一类是主观主义学派。客观主义学派主张风险社会是社会存在的客观现实，不以人的意志为转移，"风险社会不是一种可以选择或拒绝的选择。它产生于不考虑后果的自发性现代化的势不可挡的运动中"③，主要以贝克、吉登斯、沃特·阿赫特贝格等为代表。主观主义学派对于风险社会的解释将其与人们的思想意识联系起来，主张"风险"的产生或者说对风险的"发现"是人们主观意识的产物，该学派以玛丽道格拉斯、斯万·欧维·汉森等为代表。与客观主义学派不同，主观主义学派认为，当代社会"风险"增多了，实际上是因为人们加强了对这方面的关注，"在当代社会，风险实际上并没有增多，也没有加剧，相反仅仅是被察觉、被

---

① 贝克. 风险社会：新的现代性之路［M］. 张文杰，何博闻，译. 南京：译林出版社，2022：16.

② 根据贝克的定义，风险（或世界风险社会）的概念意味着：①既非毁灭亦非信任/安全，而是一种真实的虚拟；②是一种有威胁的未来，（仍然）与事实相反，成为影响当前行动的参数；③既是事实陈述，也是价值陈述，它在数字化道德中得以结合；④控制与失控，正如在人为制造的不确定性中所表现的那样；⑤在认识（再认识）冲突中所意识到的知识和无意识；⑥全球和本土被同时重组为风险的"全球性"；⑦知识、潜在影响和症候后果之间的区别；⑧一个人造的、失去了自然与文化二元论的混合世界。参见贝克. 再谈风险社会：理论、政治与研究计划［M］// 亚当，贝克，龙. 风险社会及其超越：社会理论的关键议题. 赵延东，马缨，等译. 北京：北京出版社，2005：337.

③ 阿赫特贝格. 民主、正义与风险社会：生态民主政治的形态与意义［J］. 周战超，编译. 马克思主义与现实，2003（3）：46-52.

意识到的风险增多和加剧了"①,"当危险超出我们的文化赋予的直觉范围时,我们都会迷失"②。主观主义学派立足于主观立场,从"风险文化"层面来寻求应对风险的方法,所以风险社会学理论主观主义学派也可被称为"文化主义者",相对于"风险社会",他们更倾向于"风险文化"的概念和描述。而客观主义学派也可被称为"现实主义者",只不过随着风险社会理论学派的发展和分化,贝克和吉登斯着眼于制度主义发展方向,当然,仍属于客观主义的范畴,他们的目的是建立一套有序的制度和规范,采取改革和改良的方式探讨如何规避与应对风险。③

贝克的风险社会理论是一种重视制度面向的社会学批判理论,其认识论基础是反思的现实主义,其理论预设是等级秩序的存在。在早期著作中,贝克强调技术性风险,贝克说:"风险概念就像一个探测仪,让我们得以从自我招致的潜在威胁的视角,不断审视文明建筑的完整蓝图及其中全部的水泥颗粒。"④ 而后来,贝克又补充道,"我们都认为,我们所处的这个混合的世界同时是一个文化观念、道德判断、政治学,以及技术问题","风险是'人为的混合物'。它包容了政治学、伦理学、数学、大众传播学、技术、文化定义和观念"。⑤ 从而表明他对风险社会的界定已经有了客观主义和主观主义的双重意味。

吉登斯在《现代性的后果》(1990)、《现代性与自我认同》(1991)

---

① 拉什. 风险社会与风险文化 [J]. 王武龙,编译. 马克思主义与现实,2002(4):52-63.
② DOUGLAS M. Risk and Blame: Essays in Cultural Theory [M]. London: Routledge, 1992: 57-58.
③ "风险社会"概念体现出越来越多的内涵,现实主义学派、文化主义学派、制度主义学派对于"风险社会"的概念定义均存在不同或者侧重点有差别。
④ 贝克. 风险社会:新的现代性之路 [M]. 张文杰,何博闻,译. 南京:译林出版社,2022:208.
⑤ 贝克. 风险社会再思考 [J]. 郗卫东,编译. 马克思主义与现实,2002(4):46-51.

和《失控的世界》（1999）等著作中明确采用了风险这一概念并展开论述了其风险社会理论。吉登斯强调结构化的双重维度，即结构的制约性和行动者的能动性，由此他对风险的分析也包含了两个方面：一方面，从现代性结构的类型视角提出了四种结构性风险（生态风险、经济风险、政治风险、社会风险）；另一方面，从现代性结构变异及其引发的突生结构变迁的视角区分了传统风险和现代风险，认为传统风险主要是一种"外部风险"，现代风险主要是一种"人为制造出来的风险"。

在现代社会谈及风险社会理论，不得不提及德国社会学家尼克拉斯·卢曼（Niklas Luhmann，1927—1998），卢曼是社会系统理论的旗帜性人物，是当代社会系统理论的创始人，他跨越社会学领域，从系统科学和诸多其他学科领域入手，提出了不同的观察范式，及独特的见解，开发了崭新的视角。在《风险社会学》一书中，卢曼首次对风险、危险做了区分，然而，他对风险与危险的区分标准的认识还存在局限性，因为在该书中，他并不像一般的风险社会学研究那样探讨科技造成的生态危害或社会大众的风险意识，而是探讨了社会运动、政治、经济、科学等宏大主题，这与其欲融入系统理论的目的是分不开的，尽管如此，至少启示了我们考虑对风险与危险进行区分的必要性。

（二）对风险的理解

"风险"（risk）是风险社会理论的基本范畴。相对于危险（hazard），人们对风险的研究显然更多，对风险的探讨也比较深入，但是今天，"风险"一词依然含混不清。无论是从古时渔民出海因"风"而带来的无法确定的危害，还是源自外国语言的舶来品一说看来，风险从源起之时，都带有客观的"无法确定的危险"的含义。随着保险业的发展，风险与保险行业挂钩，此时强化了"风险"的内涵，因为保险所对应的风险结果存在带来收益或既无收益也无损失的可能，否则保险业就不复存在了。此时的风险含义属于扩大意义上的风险。而狭义上的风险则是指存在损失可能的不确定性。随着人类社会的不断发展，人类社会活动多样性、复杂性的加剧，"风险"一词在哲学、政治学、经济学、社会学、统计学等领域被广泛使用。结合所属不同领域，"风险"被赋予了更广泛、更深层次的内涵。如今，"风险"一词已成为一个理解现代社会的核心概念。在现代社会，风险一词的使用频率非常高，风险与人类的决策和行为后果直接相关，若决策不当就会招来损失，因此，人们对风险不得不给予重视，如何判断风险、选择风险、防范化解风险甚至运用风险，成为人们关注与探讨的话题。

究源"风险"一词，我们可以确定的是，"风险"一词在源起之时有危险的指向。不同的人对风险有不同的理解，就连风险社会的奠基者贝克，对风险概念的理解也是呈发展式的，贝克指出："风险社会的定义关系包括了一些在特定的文化语境下建构风险认同和评估的法则、制度和能力"，"这要求我们在不同的文化框架下重新建构风险及风险管理的社会定义，要求我们找出风险冲突和范畴的那些（消极）力量"。[①] 按照通常理解，风险是指在某一特定环境下，在某一特定时间段内，某种损失发生的可能性。换言之，风险是在某个特定的时间段里，人们期望达到的目标与实际出现的结果之间产生的距离。风险由风险因素、风险事故和风险损失三个要素组成。

虽然马克思的经典理论中并没有直接论述社会风险的专题，但马克思主义对风险做有相关论述。马克思主义哲学是以科学实践观为基础的辩证唯物主义和历史唯物主义，从马克思主义理论视野审视社会风险理论是一条路径。风险社会理论学派因其所处的社会及阶级和文化背景，难以认识到风险社会产生的根源，客观主义学派与主观主义学派均存在理论局限性：主观主义学派理论缺乏实践基础上的唯物观，存在唯心主

---

① 贝克. 再谈风险社会：理论、政治与研究计划 [M]//亚当，贝克，龙. 风险社会及其超越：社会理论的关键议题. 赵延东，马缨，等译. 北京：北京出版社，2005：341，344.

义特征；客观主义学派理论在对风险社会的批评中，存在明显的改良主义倾向，未能着眼于根本问题探求解决之道。

人类的物质实践是马克思主义以分析和解决一切问题为基本立足点和出发点，马克思主义实践观与历史观可以对风险社会做出解释。马克思主义认为，实践是人们改造客观世界的一切活动，实践是客观的物质性活动，是有目的的能动性活动，是社会性、历史性的活动。马克思也指出："周围的感性世界决不是某种开天辟地以来就已存在的、始终如一的东西，而是工业和社会状况的产物，是历史的产物，是世世代代活动的结果。"① 按照马克思主义实践观与历史观，风险社会的到来正是人类自身实践活动的结果，实践是创造性的活动，只要存在人类实践活动，就会产生并面临新的风险。在历史唯物主义的视野中，共产主义社会依然存在风险，但不是风险社会。风险存在于任何社会，特别是自然界的风险，独立于人类社会制度之外。但是，从实践角度对风险社会的根源和发展进行的分析表明，风险社会是一种历史性存在。随着人类实践规模的扩大、程度的加深，风险社会终究会成为世界历史的一部分，成为历史的历史。

对风险的定义是风险社会理论建构的根本基点。汉语言文字的演变具有时代内涵，时至今日，人们对风险的概念各有各的理解，但很容易将它与危险相混淆。这也难怪，风险与危险相似度高，人们通常不会特意区分，况且"风险"在它的语义起源之初，就是与危险相伴。因此，本书在定义风险的概念时，有必要将风险与危险两者的概念进行分析。根据汉语词典的解释，风险包括两层含义：一是危险，二是遭受损失、伤害、不利或毁灭的可能性。而危险，是指有可能失败、死亡或遭受损害的境况。由此可见，汉语词典对于风险的定义仍然保留了原始"危

---

① 马克思，恩格斯.马克思恩格斯全集：第3卷［M］.北京：人民出版社，1960：48.

险"的含义。

其实，风险不等同于危险，两者存在差别，在现代社会，有必要区分风险与危险，尽管在日常生活中，很多人还是将危险与风险等同使用。但风险与危险内涵不同，指向也不同。危险是一种状态，表明过去或现在处于，或未来处于的状态；而风险是一种不确定性。日常生活中所说的"危险""有危险"，其实指的是存在有危险的可能性，其中，蕴含着三种意思：可能存在危险，可能不存在危险，确实存在危险。只是由于日常语言演变，人们的口头语习惯，将"有危险""存在危险"缩减成了"危险"。因此，"危险"实则表达出的是人们失败、死亡或遭受损害的一种状态，这种状态可以是描述过去、描述现在的，也可以是描述未来的。较之危险，风险应是另一种理解。考虑到本书是关于应急管理方面的论述，与保险业领域定义的收益或既无收益也无损失的可能风险结果不同，应急管理领域的风险，指向的是人或事物遭受损失、伤害、不利（破坏）或毁灭的不确定性。因此，本书采用狭义上的风险概念。当代中国马克思主义者对风险社会理论的风险概念的建构具有相当重要的意义，结合马克思主义实践观与历史观，审视风险社会理论的合理性与不足，本书对风险的定义是风险是特定历史时期、不特定时间段内，发生的使人们遭受损害的不确定性。

(三) 风险的不确定性

风险是一种不确定性。就不确定性（uncertainty）本身而言，其是一个活跃在哲学、经济学、社会学、统计学、金融学、保险学等领域的概念。不确定性，意味着当前并不能预知未来会不会发生某种情况，事先不能准确获知某个事件或某种决策的结果，也就是说，在某个事件或某种决策的可能结果存在不止一种的情况下，不确定就产生了。"蕴含在不确定性中的风险不仅仅是不确定性的一种具体表征，而且越发成为一种'不确定性风险（uncertain risk）'，呈现出非连续性、非规律性运行和独一无二的特征。"①

不确定性指向的时间区间是现在和未来，现在即当下，它是一个动态的概念，毕竟时间在一分一秒流动；未来即将来，是一个即将也是终将发生的到来。如果说风险是一个单纯指向未来的概念，是不全面的，"现在"同样存在"风险的存在"。风险的不确定性内容是人们遭受不利、损失、伤害甚至死亡，或事物遭受损失、破坏甚至毁灭。因为风险概念的应用关乎"人"这一主体，所以围绕作为主体的人，即便是事物遭受损失、破坏甚至毁灭，最终也属于"使人们遭受损害"这一内容范畴。风险的不确定性表明，"使人们遭受损害"要么发生，要么不发生，即使它最终没有发生，它还是有风险的，也就是说风险依然存在。比如，在消防安全领域，近年，之所以一直强调"禁止电动自行车在疏散走道、楼梯间、安全出口等区域停放、充电"，是因为这种行为存在引发火灾的风险，要么引起火灾使人遭受不利、损失、伤亡，要么使建筑大楼等物体遭受损失、破坏，而这种风险指向现在和未来的不特定时间段内，不论最终有没有发生，它就是或者说仍然存在火灾风险。风险被标示为"不确定性"的内涵，从客观上说，风险本身具有不确定性；从主观上说，人们知道风险具有不确定性。相对于风险的不确定性的确定性，"风险的不确定性"本身就是确定的。

探讨风险的不确定性，还需要将其与可能性区分开来。可能性理论（possibility theory），是指建立在预测和未来研究对象发展变化与内外因共同作用的关系基础上的一种理论。可能性是指事物发生的概率，包含在事物之中并预示着事物发展趋势的量化指标，它是客观论证，而非主观验证。可能性与现实性的关系服从乘法原理，因为可能性和外界条件是现实性的必要条件，没有可能性就没有现实性，没有外界条件，可能

---

① 文军，刘雨婷．不确定性社会的"风险"及其治理困境[J]．江苏行政学院学报，2022（3）：54-63．

性就转化不成现实性。现实性=可能性×条件,当条件不具备时(条件=0),可能性变不成现实性(现实性=0);如果可能性为0,则现实性为0(即不可能性)。"不可能"可以用"0"来表示,"一定能"可以用"1"来表示,"可能"可以用分数或百分数来表示它的大小。至于可能性的确定性,"可能发生"表示可能性的不确定性,"一定发生"或"不可能发生"表示可能性的确定性。"可能发生"是不确定事件,"一定发生"是必然事件,"不可能发生"是不可能事件。可见,可能性也是客观的存在,它的概率是介于0和1之间,概率既不可能等于0,也不可能等于1;而不确定性的概率既可为0,也可为1,概率为0的不确定性表明风险最终不发生,概率为1的不确定性表明风险最终发生了。因此,对风险的概念建构,使用"不确定性"的概念内涵而不使用"可能性"。

二、火灾风险与若干概念

火灾是"在时间或空间上失去控制的燃烧"。[①] 国标采用的是化学学科领域对火灾的定义,同时结合以人为主体的概括,排除了人为可控的燃烧,而不是采用"火灾"字面意思的理解总结。为满足论述的需要,本书采用最简洁的字面意思——"因火造成的灾害"即可,火灾风险的定义也应侧重于对风险的描述。另外,国标对于火灾风险的定义是"发生火灾的概率及其后果的组合",这种定义方法采取的是随机性、概率与损害程度相结合的方式,也是基于评估的需要。[②] 根据风险是"特定历史时期、不特定时间段内,发生的使人们遭受损害的不确定性"的定义,对于火灾风险的概括就是,在人类社会发展时期,于现在或未来某个时间段,发生火灾造成人们损害的不确定性。终究,火

---

① 参见《消防词汇 第1部分:通用术语》(GB/T 5907.1—2014)。
② 参见《消防安全工程 第3部分:火灾风险评估指南》(GB/T 31593.3—2015)。

灾风险依然强调火灾发生的不确定性。这种不确定性发生在现在或未来不特定时间段内。火灾风险导致的结果是火灾要么发生，要么不发生，即使它最终没有发生，它还是有风险的，也就是说火灾风险依然存在。火灾风险的不确定性内容，自然是人们遭受不利、损失、伤害甚至死亡与否，或事物遭受损失、破坏甚至毁灭与否。

　　火灾风险的构成要素包括四个方面，分别是火灾致因因素、火灾事故、火灾损失、火灾不确定性。火灾致因因素是火灾事故发生的潜在原因，是造成火灾损失的间接原因或内在原因。而火灾事故是造成损失的直接原因或外在原因，火灾事故是火灾损失的媒介物，即火灾风险只有通过火灾事故的发生才能导致损失。火灾致因因素是一个综合概念，指的是导致火灾的各种火灾隐患的组合，包括物的不安全状态、人的不安全行为与消防安全管理上的缺陷。火灾风险的特征可以概括为不确定性、客观性、损害性、可计算性、可变性。不确定性是火灾风险的最主要特质，否则风险就不能称为风险了。火灾风险的客观性表明火灾风险是一种客观存在，不论它最终发不发生火灾事故。火灾风险的损害性，说明火灾风险直接关系到人们的切实利益，包括对人的不利、损失、伤害甚至死亡，对事物的损失、破坏甚至毁灭，关于火灾损害的内容可以参照火灾损失统计的有关内容理解，同时，火灾风险的损害性也表明了火灾风险的社会性，因为谈论风险，始终是围绕"人"这一主体进行的，风险与人类社会的利益密切相关，时刻关系着人类的生存与发展。在一定程度上，虽然火灾风险不可预测，但不表明火灾风险是不可测的，也就是火灾风险具有可计算性，人们可以通过概率等要素对火灾风险进行计算。火灾风险具有可变性，火灾风险始终处于动态变化中，既有量的增减，也有质的改变。

　　（一）火灾风险与火灾危险

　　火灾危险，就其含义来说，是处于火灾困难、危难的境地、处境。

境地，强调的是身处情况；处境，强调的是身处环境。同样地，需要明确的是，火灾危险与火灾风险不同，火灾危险是一种状态，而不是一种不确定性，也不是一种可能性。同理，至于人们日常生活中所说的"有（没有）火灾危险"（甚至口语化表达为"危险"二字，这在情急之下尤为常见），要表达的就是火灾危险的一种状态，只是"有"或"没有"。此外，也可能是日常语言简化习惯的原因，人们使用"有（没有）火灾危险"也可以说他们要表达的是"有火灾危险的可能"或者"有火灾危险的可能性存在"，而这时，火灾危险与可能性就被结合起来使用了，但是火灾危险仍然没有偏离处于火灾困难、危难的一种状态。在时间区间方面，火灾危险的时间区间比较广泛，可以是过去、现在，也可以是未来，分别描述处于之前、当下或者将来的一种火灾危险状态。《建筑设计防火规范》中关于厂房和仓库的火灾危险性分类，就是基于物质或物品的本身属性，通过对使用或产生的物质、储存物品的火灾危险性的状态特征进行分析，进而做出的。

火灾风险与火灾危险还是比较容易混淆的。因为火灾危险是一种状态，危险状态必须有一个危险对象，也就是火灾危险的直接承受体，或者说火灾事故直接指向的对象，可以是人身载体和财物载体，因此，火灾危险载体成为火灾危险必不可少的要素。火灾风险与火灾危险最主要的共同点是两者都具有损害性。① 火灾风险与火灾危险的不同之处有三个。一是本身性质不同，两者强调的重点不同，火灾风险指向不确定描述，火灾危险指向状态描述。二是发生的概率不同，火灾风险的不确定性表明火灾要么发生，要么不发生，要么依然介于两者之间。火灾危险与可能性挂钩，排除了"有危险"（概率＝1）与"没有危险"（概率＝0）的确定性。就发生的概率性来说，火灾风险的概率范围大于火灾危险的概率范围，当然这里不是以概率的大小来比较。三是发生的时间区

---

① 火灾风险的构成要素是火灾致因因素、火灾事故、火灾损失、火灾不确定性。

间不同。就发生的时间区间来说，火灾危险的时间区间大于火灾风险的时间区间范围，这是因为火灾风险不指向过去。

（二）火灾风险与火灾隐患

隐患，意指潜藏或不易发现的危险或祸患。"火灾隐患"一词很常见，但仔细琢磨起来，得花点工夫。《重大火灾隐患判定方法》（GB 35181—2017）中对重大火灾隐患做了相关定义，重大火灾隐患是指"违反消防法律法规、不符合消防技术标准，可能导致火灾发生或火灾危害增大，并由此可能造成重大、特别重大火灾事故或严重社会影响的各类潜在不安全因素"。上述定义对重大火灾隐患的表述是概括性的，比较模糊，当然也可以说它涵括性比较强，不过它突出了隐患的潜在性，火灾隐患是潜藏的或者不易被发现的，然后将所有有关潜在的不安全内容都纳进来。那么，按照这种定义方式，火灾隐患就是导致火灾的各类潜在不安全因素。而这个不安全因素具体是什么呢？目前的两类危险源理论似乎可以帮助我们找到答案。两类危险源理论其实是将职业健康体系中的危险源理论应用到安全生产体系，将危险源理论进行了转换。系统安全研究，认为危险源的存在是事故发生的根本原因，防止事故就是要消除、控制系统中的危险源。危险源是可能导致人身伤害或财物损失的事故的潜在的不安全因素。其中，第二类危险源是各种造成约束、限制能量和危险物质措施失控的不安全因素，包括物的不安全状态、人的不安全行为、管理上的缺陷。那么，火灾隐患可以视为第二类危险源。

但是，危险源的定义及两类危险源理论也值得推敲。《职业健康安全管理体系要求》（GB/T 28001—2011）将危险源定义为：可能导致人身伤害和（或）健康损害的根源、状态或行为，或其组合。在职业健康安全管理体系中，危险源是针对人身伤害或健康损害而言的，可能导致人身伤害或健康损害的因素叫作"危险源"，可见，职业健康安全管理体系针对的是人这一主体。在安全生产体系中，针对的不是人，而是物；具体到消防安全体系则针对的是火灾燃烧（爆炸）物质。上述针对的对象是存在区别的。两类危险源理论把危险源分为两类，容易让人产生对危险源含义的误解，按通常理解，"危险源"一般被理解为危险的根源性、源头类的物质，而不适于状态、行为。如果对两类危险源理论进行完善，那么应将第一类危险源中的"源"解释为"根源"，第二类危险源中的"源"解释为"来源"，但是这样做未免太麻烦，容易让人产生误解、混淆。

火灾风险与火灾隐患也比较容易区分。火灾隐患的存在具有客观性，它是现实存在的，并非一种不确定性或者可能性。作为火灾风险构成要素之一的火灾致因因素，其中就包含了火灾隐患，火灾隐患是导致火灾的潜在因素，属于致因因素。但是，并非所有的火灾隐患都是火灾风险构成要素中的致因因素。因为火灾致因因素是火灾事故发生的潜在原因，火灾致因因素与火灾的发生必须具有直接的关联关系。在人类社会的生产、经营、生活环境中，火灾隐患的量很多，远远大于火灾致因因素。火灾隐患在火灾发生的致因方面具有研究意义。

（三）火灾风险与消防安全

"消防"一词，由来已久。"消防"是火灾预防与灭火救援的统称。[1] 安全，意味着没有危险，没有威胁，没有事故。在国家层面，总体国家安全观是一个内容丰富、开放包容、不断发展的思想体系，其核心要义可以概括为五大要素和五对关系，中国国家安全领域内容涉及多个领域，包括政治安全、国土安全、军事安全、经济安全、文化安全、社会安全、科技安全、网络安全等。[2] 消防安全属于社会安全范畴，是

---

[1] 参见《消防词汇 第1部分：通用术语》（GB/T 5907.1—2014）。
[2] 2014年4月15日，习近平总书记主持召开中央国家安全委员会第一次会议。习近平总书记在讲话中首次提出总体国家安全观，阐述了总体国家安全观的基本内涵、指导思想和贯彻原则。

社会安全中的一个具体领域。安全是与消防组合使用的，一般我们不讲火灾安全，而是讲消防安全，如果要讨论消防指战员在灭火救援行动中的安全，则可以将其称为"灭火安全""救援安全""作战安全"等。在突发事件应对方面，政府主要是对发生的自然灾害、事故灾难、公共卫生事件和社会安全事件采取应急处置与救援，这个时候会在具体领域强调"安全"。在应急管理领域，应急安全是应对安全生产类、自然灾害类等突发事件和综合防灾、减灾、救灾、工作方面的安全。虽然应急安全涵括范围很大，消防安全在某种程度上属于应急安全的一类①，但应急安全不能完全涵括消防安全，如果再具体点，消防安全可以是消防管理安全（侧重于管理上的安全）、消防安全管理（侧重于安全上的管理）、消防人员安全、消防硬件安全等。由于消防安全宣传教育培训的需要，经过长期的知识获取与融合，人们自然而然形成了"消防安全通常就是发生火灾时逃生自救时的安全"的意识。

显然，"火灾风险"与"消防安全"意思完全不同，两个词汇很容易区分，对于它们的辨识主要是理解火灾风险与消防安全是否成对应关系。危险是与安全相对立的。风险是不确定的，具有不确定性；如果不发生使人们遭受损害的结果，就是安全的，而安全是确定的，具有确定性。风险的不确定性有三种概率（0、1、0~1），而安全的概率只有"1"这一种，因此，风险与安全在概率的量上不对等，不能一一对应。风险与安全之间无法构成对立，风险与安全不是对立的。安全与危险才具有对应性：在语义上，安全与危险相反；危险是一种状态，安全也是一种状态；危险可以描述过去、现在或者未来，安全也可以描述过去、现在或者未来。

---

① 比如，在发生火灾等险情时，在采取逃生自救、应急救援等措施的情况下，此时的消防安全就是应急安全：在火灾发生时，常开式防火门自行关闭、信号反馈，防火卷帘按程序下降等。

三、消防概念辨识的价值

（一）认识价值

人们对事物的认识过程是从感性认识到理性认识的渐进过程，而在认识过程中经过反复实践，不断深化认识，如此循环往复，才能对事物理解透彻。对于事物的认识，往往从基本概念开始，与中文学习一样，是从字体、基本词汇开始的。积累与理解词汇是学习的必经之路。如果对一个词语没有深刻理解，只是理解表层意思，不理解其背后的含义，那么与这个词相关的知识大门永远不会对你敞开。在消防专业领域，随着社会的不断发展，词汇也会发生扩展变化，当前的标准规范或许不能概括所有词汇，消防领域专业术语的出新，政策文件用词用语的创造，或者是日常学习、工作与生活的词汇使用，如果不进行深刻辨析，在关键时刻就会让人无所适从。相反，对容易混淆的消防概念进行辨析与识别，对消防指战员、其他消防行业从业人员而言，是从事消防职业的基本知识前提；对普通老百姓而言，则能够增强消防安全意识与提高消防安全素质，甚至更能理解与支持消防事业，所有人对消防行业的认知水平也会相应提高，更能激发消防行业领域的创造力。

在消防领域，诸如火灾风险、火灾危险、火灾隐患、消防隐患、消防安全、不安全因素等，虽然人们能够说出一二，但是要真正厘清还得认真辨别，尤其是火灾风险与火灾危险的辨识。人们对社会风险的察觉程度大大增加了，发现了存在于客观世界的风险，对火灾风险的认知也慢慢加深了。但这种认知努力是一个长期的过程，当前与消防行业相关的部分领域对于这方面的用语用词没有仔细斟酌，没有将火灾风险与火灾危险严格区分开来。比如，火灾风险与火灾隐患属于比较容易区分的两个概念，但火灾风险范畴里也有隐患的致因因素。此外，消防隐患、消防安全隐患与火灾隐患的区别又是怎样的，有没有必要区分使用；还是说"消防隐患"全称只是"影响消防安全的火灾隐患"而已，消防隐患与火灾隐患同用？不仅如此，在应急管理领域，存在的"危险源""重大危险源""危险因素""危害因素""有害因素""隐患""不安全因素"等专业术语也不少，这是由于各专业术语的出处并不一样。由于本书专题内容论述的限定，在此不再对上述相关术语进行辨析。

（二）理论价值

理论源于实践和观察，又能指导实践。消防行业的发展始终伴随着消防领域理论的不断深入研究。对消防领域有关概念进行辨识是消防基础理论的一个基本内容。消防相关概念是对消防这一特有领域在某个专业方面的高度概括总结，是对消防领域特有现象的一种解释，消防相关概念还对基础理论及应用理论研究具有导向作用。因此，对消防相关概念的辨识，对消防理论研究具有重要意义。火灾风险、火灾危险、火灾隐患、消防隐患、消防安全、不安全因素等，每个概念都有特定的内涵，它们之间或许是性质不同，或许是侧重点不同，或许是构成要素不同，总之，各个概念相互之间的区别构成了辨析与识别上述用词、专用术语的关键。不同的消防概念具有不同的理论背景，也具有不同的理论挖掘潜质。比如，相对于火灾危险，火灾风险拥有一定的理论研究历史，有风险社会理论作为理论支撑，有比较成熟的理论研究背景，并且直至现在仍然有理论研究的创新与深化的必要。而对于火灾危险，其理论研究的幅度比较窄，在理论研究与支撑方面就显得比较缺乏，即使是危险源理论，也偏向于风险研究。因此，对消防相关概念的辨识也有利于对相应理论潜力的挖掘。

科学理论具有科学性，它经过概念—判断—推理等思维类型，论题—论据—论证的逻辑推导而形成。当然，理论并非一成不变，它是不断丰富与发展的，甚至可能被推翻。通常来讲，理论属于浓缩的精华，经典、精辟。前面讲到，两类危险源理论值得推敲。两类风险理论将危险的本源物与引起本源物危险的因素划分出来，将危险的本源物作为第一类危险源，将引起本源物危险的因素作为第二类危险源；同时，第二类危险源的范围囊括了物的不安全状态、人的不安全行为以及管理上的缺陷这三种类别。可见，两类危险源对第二类危险源的定义采用了三分法，分别是人、物、管理，人的不安全行为与物的不安全状态构成对称关系，而把"管理上的缺陷"加进来一并分类，则显得比较突兀，且有重复的嫌疑。对于火灾隐患，我们可以将其视为第二类危险源。火灾隐患的这种不安全因素融合了物的不安全状态与人的不安全行为，其实，管理上的缺陷也属于人的不安全行为。① 在法学领域，行为包括作为或不作为。火灾隐患在法律规范中有明确的条文表述，对此，如果行为人违法了，那么是有相应的罚则的。如此分析，我们何不采用二分法？火灾隐患即包括物的不安全状态与人的不安全行为（作为或不作为），这种概念定义显得更科学。

（三）应用价值

理论的研究终究要应用到实践中去。无论是对消防概念的辨识，还是对理论的具体展开，都属于理论研究的内容，都应当以问题为导向，还要以目标为导向，从而解决问题。火灾风险、火灾危险、火灾隐患、消防隐患、不安全因素等，都是留给我们的试题，我们要做的是做好答卷，留给人民阅卷，也就是说，我们要思考如何解决消防领域不安全的问题，维护社会消防安全形势的持久性稳定状态。经过消防概念辨识之后，我们知道了火灾风险是需要应对的，我们要应对火灾风险、防范火灾风险、化解火灾风险，甚至在必要的时候转移风险，比如，在具有火灾危险性场所或发生火灾事故的场景下，通过使用探测或灭火机器人前

---

① 负有消防安全管理的职责、义务，如果消防安全管理上存在漏洞，则说明是管理上的不作为；如果消防安全管理上存在不足，则说明是管理上的作为不当。这些都属于消防安全管理行为的类型。

往目标处开展探测或实施灭火（就是将风险转移至探测或灭火机器人身上，因为相对于灭火机器人的损失，人前往目标处开展这些行动，造成伤害的结果将是难以承受的）。我们也知道了火灾隐患包括人的不安全行为与物的不安全状态，火灾隐患是需要消除的，而且要尽全力消除。我们还知道了火灾危险是可以避免的，而且要尽力避免，避免陷入火灾危险的状态。通常我们讲火灾风险评估，却不讲火灾危险评估，因为火灾的危险状态已经定性。要实现消防理论的应用价值，就应当辨析消防相关概念；否则，将是知其然而不知其所以然。

  不难发现，凡是规范针对的对象是物这一主体，都会随之出台一系列相关标准规范，如国家标准、行业标准、企业标准，强制性国家标准具有法律效力，而针对人这一主体本身则不可能出台规范，只能是由相应的法律法规对人的行为进行规范。因此，消防从业人员在工作实际应用时便会在法律法规与标准规范之间穿梭。此时，法律法规与标准规范应当具有统一性，立法与制规应有协调适用性。但不同的标准规范是由各自专长领域的专家制定的，这就不排除存在冲突的现象，即便是这个标准规范做了相应的术语定义、用词解释。最应当避免的是法律规范之间、法律规范与标准规范之间的冲突现象。标准规范侧重于科学性、专业性，法律法规侧重于规范性、实用性，法律法规之所以有这方面的侧重，是因为这是由法律规范的性质决定的，同时，法律法规也应当有普法宣传的作用，能够为守法者理解、接受，进而遵守法律。面向老百姓的消防宣传教育，"火灾危险"的使用能够满足基本需求；作为管理者，还应对"火灾风险"加以应用。火灾隐患、消防隐患、不安全因素、危险源等概念的辨析，有助于下一步进行概念统一、整合，避免不必要的杂乱。

第二节 风险社会中的消防认知

一、火灾风险的客观存在性

火灾风险具有客观性，不以人的意志为转移，具体我们可以从以下三方面进行理解。

第一，火灾风险具有普遍存在性。一方面，如前所述，火灾风险的不确定性发生在现在或未来不特定时间段内，它存在三种概率：概率为1，火灾风险导致最终的结果是火灾发生；概率为0~1，火灾风险的表现是游离于发生与不发生之间，自始至终悬浮在空中；概率为0，火灾风险导致最终的结果是火灾没有发生。火灾风险的三种概率包括了所有结果，因此，无论是哪种结果，火灾风险始终存在，并不以人的意志为转移。"在风险存在的情况下，人们处理的不是一个现在可以决定其他人在未来情况下如何行为的未来。人们无法将风险逐出门外。"[1]另一方面，火灾风险的普遍性是对整个社会而言的。火灾风险的构成要素中，火灾事故与损失都是围绕人这一主体而言的，只有人受到伤害或者物遭受到损失（物的损失其实也属于人的伤害的范畴），才能言之为风险。在人类社会，无论对谁，都有火灾风险的存在，这是由火灾的中立性与客观性决定的。打个比方，乘坐车辆等交通工具存在发生车辆火灾事故的风险，你可以选择一辈子不乘坐交通工具（当然这种可能性很小），但对其他人或者对整个社会而言，车辆火灾的发生也是不可避免的，这就是火灾风险的客观性。

---

[1] LUHMANN N. Risk：A Sociological Theory [M]. New York：Walter de Gruyter, 1993：59.

第二，火灾风险不可避免的例外。火灾风险只有在人与风险发生直接联系的情境下，人才可以回避风险，也就是说，人已经成为危险的致因因素之一，风险将会直接作用在人身上，这时对人这一主体而言他们才可以说回避风险，比如，猝死风险，人在喝酒后参加诸如踢足球等剧烈运动，会有猝死的风险，这个时候，人可以选择回避，酒后不进行剧烈运动。但是，对火灾风险而言，人不与风险发生直接联系，人并不是风险的致因因素之一，火灾风险是可燃物不是人，它本身没有主动意识，不可能进行自主判断进而做出选择，因此，要让"可燃物"回避火灾事故的风险是不可能的，从这种意义上讲，火灾风险是不可回避的，而此时，处于第三方的"人"这一主体，只能在面对火灾风险的情况下，采取主动介入的方式预防风险、转移风险、防范化解风险。比如，喷火杂技表演者将酒精含入口中存在火灾风险，那么他可以选择不表演这项杂技以回避火灾风险；而如果酒精存放在家中，则火灾风险是不可回避的，除非表演者主动介入，通过销毁酒精或其他可以使酒精不可能发生燃烧等方式来防范化解火灾风险。

第三，火灾风险具有历史阶段性。为何火灾风险的定义前面有一个限定分句——"人类社会发展时期"？风险社会理论并不是完全不可取，无论是客观主义、主观主义、制度主义，都存在合理之处，审视风险社会理论的合理性与不足，马克思主义的实践观与历史观给我们提供了理论视角与依据，"在这个意义上，只有马克思的社会批判理论才能实现西方风险社会理论中制度主义对现代风险分配真正公平正义的畅想，甚至完成系统主义者不敢期望的对现代风险从系统源头上进行的消解"。[①] 当然，在这里，对于西方风险社会理论的现代风险集中在了政治风险、社会风险方面，与火灾风险的客观性存在区别。但风险社会理论提出是人类技术的局限性导致了风险，也就是说，只要是人类社会还

---

① 谢友倩. 马克思主义之风险社会批判[J]. 南京政治学院学报，2014（1）：17-20.

处在发展阶段，火灾风险在人类社会就会一直存在。因此，火灾风险在人类发展历史阶段是不可避免的。或许，待发展进入共产主义社会时，人类对火灾事故的控制就达到了完全的程度，这时候火灾风险才可能成为历史。

二、火灾风险的动态复杂性

顾名思义，火灾风险的动态复杂性就是火灾风险具有动态性与复杂性两个层面，我们可以从以下三方面理解。

首先，火灾风险时刻处在动态变化中。万事万物都处于变化中，风险也不例外。如果自我消亡，火灾风险就不复存在。一方面是火灾风险的自我变化。火灾风险无时无刻不在变化，火灾风险的构成要素方面，火灾致因因素可能发生缺失，火灾损失可能发生变化，火灾事故也可能发生不了，这些都会影响火灾风险的变化。如消防安全巡查人员发现商场里的小孩玩火并及时制止，这时候，就单个风险而言，火灾风险得以消亡，火灾风险发生了变化，但这并不意味着火灾风险不复存在，因为这个小孩还有可能再玩火或者其他小孩同样这样玩。火灾风险可能叠加，也可能发生转移，产生此消彼长的现象。另一方面是新型火灾风险的衍生。当今人类经济社会的迅猛发展催生了更多火灾风险，即便在我国同样面临着巨大挑战：传统火灾风险的量始终在提升，因城乡社会建设发展，"高低大化""老幼古标""三小场所"等高风险场所只增不减[1]；伴随着新业态、新材料、新技术的出现，新型火灾风险不断涌现，如密室逃脱、剧本杀、室内冰雪等新业态，电动自行车、新能源汽车、光伏电站等新技术、新材料领域。

其次，火灾风险的复杂性前所未有。火灾风险的致因因素环环相

---

[1] "高低大化"指的是高层建筑、地下建筑、大型综合体、石化企业。"老幼古标"指的是养老服务机构、幼儿教育场所、文物古建筑、标志性建筑。"三小场所"指的是小档口、小作坊、小娱乐场所。

扣，不同的火灾风险之间可能存在关联性，就像"蝴蝶效应"（The Butterfly Effect）一样。监护人碰巧今天有事到不了现场，于是电焊工人独自作业……仓库墙头上的电器线路临近发生短路，刚好仓库搬进一批易燃易爆危险品货物……火灾风险的复杂性还表现在火灾风险的组合。火灾风险的致因因素不单单有一种，火灾隐患也可能是多个隐患的叠加，老旧建筑改建商市场现场，商户、顾客吸烟习惯难改，部分商户私拉乱拉电线，违规使用液化石油气下厨……此外，火灾隐患繁多、暗藏，消防安全管理人员发现不了也判断不出，火灾风险的致因因素更是不在明处在暗处，所以说火灾风险客观存在，但是火灾风险与人的察觉和认知程度有关，人们对火灾风险的认知有限，自然就浸没在火灾风险里。在未来，不排除会出现更加复杂的火灾风险。

最后，要探讨火灾风险的计算问题。火灾风险的计算问题首先表现在火灾风险"可计算"还是"不可计算"的分歧。在风险社会理论领域，本身存在"风险可计算"的理性主义方法与"风险不可计算"的文化和制度方法。然而，可计算与不可计算的二分法都走向了极端，为了人类社会的发展与人类自身的安全，直面风险的同时必须解决风险的问题，因此，要思考风险的可不可计算对我们自身是否更有利。对火灾危险同样如此，我们要思考火灾风险有没有必要计算，且需要计算到何种程度。火灾风险的计算具有必要性，一方面是因为我们对火灾风险的计算已经有属于自身的计算方式，计算方法存在一定的科学性与合理性，这种计算方式能够预估风险及其风险的程度；另一方面是计算火灾风险有重要意义，有助于为我们提供决策参考，对积极应对风险，采取相应的防范化解措施具有帮助。此外，对于火灾风险的计算，不必纠结于计算的现实精准性。因为无论如何计算，都不能与现实完全吻合，加上火灾风险存在很多不确定因素，所以只要按照相应的计算方式得出具有参考价值的幅度大小就足够了。

三、从现实关注到理论自觉

消防行业是专业性极强的从业领域。在消防救援队伍中，不乏各式各样的专业人才，在灭火救援、监督管理、火灾调查、消防科技、消防装备等专业领域，他们既是行家里手，又是消防事业的奋斗者与贡献者。人才是第一资源，跟其他行业一样，消防行业同样需要人才，消防救援这支队伍自之前招录地方大学生开始，消防指战员的人员结构不断得到改善与优化。消防救援队伍人员，尤其是指挥人员，在提升自身业务技能将其应用到工作中去的同时，还需要相关理论的指导。理论来源于实践，又对实践具有巨大的反作用，理论能够指导实践。业务技能能够通过经验所得不断丰富，也能够应对现实需求，但面临新形势背景及长远发展要求，单凭经验所得仍然不够，只知其然，却不知其所以然，就不能往深向实。灭火有灭火相关理论，关于燃烧的基础理论的掌握是每一位消防救援队伍入职人员的必修课；消防监督管理、队伍管理，有相应的管理学理论、社会学理论、执法理论，甚至心理学理论等。当然，消防行业从业者不可能人人都是理论专家，也没必要，但可以是行业的专家，其实，行家专业背后都有潜在理论的指导或影响，只是他没有发现，没有去总结，甚至是自身创造的一种"理论"还没概括形成理论。

消防领域理论研究多集中在消防科技领域，进而能够转化为现实的实物为消防行业所用。而在人文科学领域，无形的理论运用与应用的重视程度就达不到如此程度了。限于很多方面的因素，不像医疗行业那样，医疗院校、科研单位与医院机构之间密切联系，理论研究与医疗实务充分融合。消防行业涉及学科领域广泛、综合性强，从自然科学学科到众多社会人文科学学科，是一个具有挑战性的从业领域。改制前的公安消防部队在招录大学生的时候，为了吸纳不同专业的人才，招录了诸如法学、管理学、消防工程、土木工程、建筑学、思想政治教育等多个专业的人员，如果在岗位历练后，不同专业的人员能将各自专业和工作性质、岗位实践结合起来，用自身专业优势去挖掘岗位特长，在各自专业视角下观察与思考当下消防面临的种种难题，无疑对消防救援事业的发展有极大的推动作用。当然，这属于另一个需要探讨研究的问题，由于本书专题内容的限定，在此不再展开。

在风险社会背景下，就是要不断提高认识、防范和化解风险的能力，以应对来自国内外各种风险和危机的挑战。政治上有政治理论学习，以提高政治素养；业务上同样可以有业务理论学习，同样是指导工作实践，有专业的理论就能提高工作效率，加强工作效果，促进工作实践的科学性与合理性。虽然理论是深层次的透析，探索事物形成、发展、变化的原理，是高度浓缩的概括总结，但理论并非高不可攀，许多理论其实已经贯穿人们的工作、学习、生活，只是人们没有留意、关注与深挖罢了。即便是消防救援队伍的体能训练，看起来纯粹是体力活、技术活，但是在现代体能训练原理的指引下，从传统的训练方式走向了更加科学合理的训练模式。消防行业领域综合性强，无论是自然科学还是人文科学领域的理论，都有着成熟的理论体系供我们去选择与应用，让理论学习成为一种兴趣、一种习惯、一种工作方式，最终做到知其然且知其所以然。

第三节　风险社会中的消防应对

一、风险社会中消防的二阶观察

消防资深从业者，结合对工作的感悟与自身思考，加上岁月的积淀、长期的经验所得，可以对消防工作做出观察，从而提出建设性想法与建议。消防从业人员能否从风险层面对当前社会进行观察，或者说，如何在较短的时间内，针对某个论题切入，对当前消防工作进行观察？

在认识风险社会的问题上，卢曼的"二阶观察"给予我们启示。卢曼的认识论是一种系统建构，他的"二级观察法"源自"区分"与"二阶控制论"。一方面，卢曼从英国逻辑学家和数学家乔治·斯宾塞·布朗（George Spencer Brown）那里引入了"观察"的概念。布朗认为，任何数学计算必须从进行区分（distinction）开始。卢曼将观察理解为：根据区分来进行标示的活动，只要能够使用"区分"来标示一面（而不是另一面），无论操作执行哪种经验现实，只要能够区分（从而同时看到两个面）并做出标示的都是观察。同时，所有观察活动在观察的同时无法做到自我观察，因为在标示一面时无法同时标示另一面，要对另一面进行再标示就必须跨过边界，这时候对另一面的观察不是对原来那个面的观察，而是另外一个观察。最终，每个观察使用的区分皆是其无法观察到的盲点，此时，必须透过另一个观察才能做到。另一方面，卢曼又从奥籍美国科学家海因茨·冯·福斯特（Heinz von Foerster）的"二阶控制论"那里得到启示。"二阶控制论"又称"控制论的控制论"（cybernetics of cybernetics）。① 福斯特认为，"一阶控制论"是被观察系统的控制论，而"二阶控制论"则是观察系统的控制论。②因此，"二阶控制论"和"一阶控制论"的区别在于："一阶控制论"认为观察者独立于被观察的客观系统，而"二阶控制论"将观察者也纳入被观察的系统进行研究。

最终，卢曼将观察划分为"一阶观察"与"二阶观察"："一阶观察"，是对"区分"进行标示的观察本身，这种情况下，观察者并不能

---

① "二阶控制论"的开创者是福斯特，他是一名生物物理学家和计算机科学家。"一阶控制论"可以认为是研究被观察的外部世界，被称为 observed system，二阶控制论研究则为 observing system。
② SUN W. Observation：the Theory of Niklas Luhmann［D］. Ohio：The Ohio State University，2002.

观察到自身，存在盲点；而"二阶观察"是把观察者也纳入被观察对象中，所以"二阶观察"可称为"对观察的观察"。同时，要看到，二阶观察也是"一阶观察"。另外，二阶观察本身有自己的盲点，因此，每种观察都受到观察者所处位置的限制，存在相应的盲点，因而实际上不存在穷尽的观察，要尽可能地做到全面观察，不断进行观察，消除盲点。事实上，简单来说，我们可以把卢曼的"二阶观察论"比作换位思考，所以"二阶观察论"更像是理论层面的一种进阶。

卢曼这种关于"观察中的系统"（observing system）为我们提供了有益启示，二阶观察认识论能够让我们对所处的行业领域进行不一样的观察，从而带来更有建设性的意见。其实，在很多领域包括消防安全领域，也存在二阶观察的例子，比如，任何冒着风险行动的人，其行为都可以视为一阶观察者的行动，甲上山玩火或者在山上吸烟，如果此时他考虑到了是否应该冒这个险，他就会从二阶观察者的视角来观察自己，从而做出是否这样做的选择。在消防安全管理活动中，同样可以用二阶观察来进行解释，企业或社区的消防安全巡查人员对员工、商户、顾客或者社区居民的消防安全行为进行观察，这种有别于员工、商户、顾客或者社区居民立场的观察就是二阶观察，同理，消防安全管理人员对消防安全巡查人员的观察，消防安全责任人对消防安全管理人员的观察，消防监督执法人员对消防安全责任人、消防安全管理人员或消防安全巡查人员的观察，都是二阶观察。进行二阶观察的意义在于消除一阶观察者本身的盲点，进而采取提醒、督促、处分或行政执法等多种措施，纠正与指导一阶观察者的消防不安全行为、消防违法行为。

消防行业就其专业领域来说显得相对封闭，但就消防与社会的相关度与广泛性来说又显得非常开放。对消防行业，我们既要从内部视角又要从外部视角来看待消防发展过程中的种种问题。从普通老百姓到每一位消防从业者，尤其是消防指战员，都有着一种消防情怀，观察视角从消防救援队伍立场转移到另一个视角，更多是秉承着对消防救援队伍建设发展的期待与消防事业高质量发展的初衷。

在"二阶观察论"的基础上,消防指战员在灭火救援与抢险救援的时候,要对被困人员、被疏散人员的当下需求进行观察,消防指战员或其他有关管理者对现场群众的帮助出力,对围观群众对消防救援人员的要求也要进行观察,同时做出决策行动,因为现场救援总有救援不成功的风险与被投诉的风险。[①] 战评是进行回顾、总结、提高的有效措施,将二阶观察方法论融入战评是一个有效方式;消防宣传人员在开展宣传教育培训的时候,要对老幼大小等对象展开二阶观察,弄清楚他们对于消防安全知识的需求;消防监督管理人员在对企业等监管对象开展监督指导时,要展开二阶观察,不同的企业经营状况不一致,企业对消防的投入与其他投入的比例、安全管理模式也不同,关键是制定并实行符合该企业的消防安全防范对策。消防救援部门与其他政府行业部门沟通、协调时,同样可以运用二阶观察,以观察行业部门对消防救援部门的观察,以更好地进行工作协同与配合,如在消防刑事案件方面构思如何有利于案件的行刑衔接,要观察负有消防监管责任的行业系统部门对于消防是如何看待(观察),有何种需求的,以更好地提高本行业系统的消防监管能力,在乡镇、街道、社区等基层消防治理中,同样如此。此外,对社会面消防从业人员,要观察他们对于消防工作的需求与诉求;在消防救援队伍内部管理工作方面,队伍思想建设等,也可以运用二阶观察方法来观察消防指战员对消防工作的观察,分析他们对消防工作的思考,对于消防有关问题的反思与解决问题的想法、方案等。

二、避免运动式执法的依赖倾向

运动式执法属于运动式治理的一种,它具有历史渊源与特定历史意义,它延续和发展的情境是:政府面临着执法资源、社会资源不足以作

[①] 灭火救援与抢险救援现场的二阶观察是瞬间的观察,或许耗时一秒钟都不到。

出成效与提供帮助，政府体系内部各部门又不能实现协调与合作等诸多方面，运动式执法反映了国家治理面临的问题和挑战，也反映了在特定制度环境中产生的治理逻辑，指标式运动式执法是这一典型形态。

当然，运动式执法历史悠久，在我国具有很强的历史传承性，它在短时间内取得的执法成绩是显著的，其社会效果是巨大的，在执法对象间乃至全社会起到警示威慑的作用，且在一定程度上可以促成确立执法规则，促成政府部门间的执法合作。然而，在现代社会中，运动式执法的合法性基础和组织基础都将会受到极大挑战。

一是运动式执法挑战法治精神，损害了法律权威。"合法性不足是对运动式治理的核心批评"[1]，作为治理手段的执法活动，现实社会很多领域的执法走入了运动式执法的怪圈，在法治理性思考的情况下，执法行为乃至整个执法活动的运转都应当建立在法律规则基础之上，但是，运动式执法基于政策或命令的形式改变了法治理性下的应有执法形态，对运动式执法的过度依赖与法治精神相悖，这就难免遭受与法治冲突的舆论批评。政策在消极执行的情况下，目标得不到落实，实际情况与政策导向之间的差异造成问题的积累，而到了运动式执行阶段，政策不惜一切代价被大规模推行，既损失了制度本身的合法性，阻碍了法治性解决问题的渠道，又让大量的问题爆发，失去了问题调整的缓冲期。[2]

二是运动式执法与常规化执法的现实混同，加剧了执法矛盾现象的显现。"运动型治理机制与现代社会日益强势的法理权威摩擦碰撞，十分紧张。卡理斯玛权威及其常规化组织形式与当代社会的多元趋势相悖，与法制理性不兼容；在现代社会科学和民主趋势冲击下受到多方质

---

[1] 向淼，郁建兴. 运动式治理的法治化：基于领导小组执法行为变迁的个案分析 [J]. 东南学术，2020（2）：125-135.
[2] 陈家建，张琼文. 政策执行波动与基层治理问题 [J]. 社会学研究，2015（3）：23-45.

疑和挑战，难以为继，反映在信仰危机、公信危机和各类治理危机等一系列险象环生现象上。"① 现实中，如果运动式执法广泛实施，就会打乱常规化的执法节奏，造成执法机构与执法人员对于运动式执法的不正确理解，潜移默化地将运动式执法与常规化执法相混同。执法指标式的运动式执法活动更是对常态化治理执法的挑战与走偏，导致的后果将远远胜于其对现实社会的弥补功能。

三是运动式执法规范化、制度化缺失，其规范化、制度化难以得到有效保证。在运动式执法过程中，极容易催生异化的执法形态，如形式主义特征的运动式执法、以工具主义为取向的运动式执法，在执法公正性、执法效能方面会受到质疑，比如，会造成执法行动层层施压、层层加码现象，执法人员与车辆、执法设备硬件软件等行政执法投入成本与长远效益不相称等问题。有学者以法律经济学为解释视角，剖析了双重博弈下的"事先甄别失灵、事中监管虚置、'运动补救'常态化、合法预期严重受损"四个方面之弊。② 从长远来看，运动式执法并没有达到"除根"的目的，仅仅是权宜之计、治标之策，与法治化执法的理念相去甚远。

如果反观消防监督执法领域，陷入运动式执法将同样出现上述弊病。以专项执法为名，使运动式执法的执法形态逐步呈现频繁与常态的趋向，呈现运动式执法常态化，但这种常态化的"运动式"执法，并非制度性执法意义上的"常态化"执法。运动式执法不利于执法对象合法权益的保障，会影响执法人员常态化执法的主观动力与客观节奏。

当然，运动式执法也要与特殊时期、特定领域的"专项整治"区分开来，后者是符合事物发展客观规律采取的特别行动，而非这里所述

---

① 周雪光. 运动型治理机制：中国国家治理的制度逻辑再思考[J]. 开放时代，2012(9)：105-125.
② 唐贤兴. 中国治理困境下政策工具的选择：对"运动式执法"的一种解释[J]. 探索与争鸣，2009(2)：31-35.

的运动式执法。运动式执法在治理、执法困境的情境面前是无奈之举，弊大于利，长期依赖倾向远胜于常态化的执法行动制度，与理想型、完备型的常态化执法尚有差距，在现实中，最担心的莫过于以"特殊时期、特定领域专项整治"之名行"运动式执法"之实，运动式执法将会给执法人员的思维方式带来偏离倾向，造成非运动式执法期间、执法领域的漏洞与弱化，形成隐形的执法区间或执法"凹地"。当前，在消防执法改革方面，"双随机一公开"的执法模式提供了新的执法方向，新的执法模式是要建立科学性、规范性、程序性的消防监督执法，而非靠运动式执法完成指标任务。

探索以特定行政任务负责的消防安全专项治理来实现执法也是一个途径。行政任务负责的执法与运动式任务执法两者要进行甄别。运动式任务执法与行政任务负责的整体执法存在实质不同。运动式任务执法是因行政命令做出的执行，是基于当前某类事件或者短期目标作为考虑因素，甚至是拍板决策后的"一声令下"，它往往欠缺长远性与深入性思考。而对特定行政任务负责的执法是基于执法机构的特定职责，以此为基础进行布置的行政职责，根据火灾的发展与变化规律而做出并进行的相应调整，它与执法机构的本身职责具有异曲同工之处。比如，在针对火灾风险防范方面，消防救援部门根据本地区的火灾规律、特点等消防安全需要组织监督抽查；在火灾多发季节，重大节日、重大活动前或者期间，应当组织监督抽查，并且都按照科学性、规范性、程序性的执法模式进行，这就是典型的行政任务负责的执法运作。

三、针对风险的消防应急与防范

从危险到风险，从保险业风险到各行业领域风险，虽然不一定能耳熟能详，但是能言之一二。从某种程度来说，风险社会中的火灾风险是不可避免的，这仿佛危言耸听，但我们不可因此而盲目悲观，而是应该正确看待火灾风险，以便思考怎样来对待它。无论是在危险的状况下，还是在风险的不确定下，都可以展开预防。火灾风险本身不是问题，因为它本身就是一种确定性，我们也无法让全社会的火灾风险化归零，关键是我们要如何将可以预测计算的未来危害从"未知"这一侧转化到"已知"这一侧，在火灾风险的构成要素上进行准备，以防范化解火灾风险。人类要提升自己应对火灾风险的能力，以避免火灾事故的侵袭。

风险管理（risk management）起源于20世纪50年代的美国。风险管理最早是由美国宾夕法尼亚大学的所罗门·许布纳博士在1930年提出的。它最初是作为企业的一种管理活动，当时，美国一些大公司发生了重大损失，促使公司高层开始意识到风险管理的重要性。1953年，通用汽车公司在密歇根州的一个汽车变速箱厂因火灾损失了5000万美元，这一火灾成为美国历史上损失最严重的15起重大火灾之一。这场大火与50年代其他一些偶发事件一起，推动了美国风险管理活动的兴起。风险管理已经发展成企业管理中相对独立的管理领域，具有十分重要的意义。后来，随着经济、社会和技术的迅速发展，人类开始面临越来越多的风险，风险管理的重要性日益凸显。"风险治理"与"风险管理"的用词区别，主要是英语国家与法语国家的翻译不同造成的。当前，在我国，管理已经向"治理"转变发展，强调了多元性的需求，社会治理、基层社会治理、网格化治理、消防治理等已经成为人们的常用词，因此，本书采用的也是风险治理的概念。正是因为通过风险治理，我们能够正确应对风险，所以风险治理如此重要。

各类风险问题是每个国家面临的重要课题，但在我国，显然我们的风险问题首先不在于造成社会动荡的游行示威运动等，不像西方资本主义国家，因为它们的国家性质决定了资本的剥夺本能，进而引发各式社会危机、风险问题。对于我们来说，在做好国家安全工作的前提下，更在于我们如何能进行更好的风险准备，如何在国家施政层面上做好风险治理工作。马库斯·布伦纳梅尔将风险区分为有韧性和无韧性两种类型，对无韧性的风险，我们的关注点并非风险本身，而是破坏韧性的因素以及如何采取相应的行动，它以接受风险为基础，同时借助制度、规则与社会活动形成的体系来确保韧性。若得以成功实施，该策略将可以促进风险承担和经济增长，并在潜在危险发生时给社会提供保护。①

"面对波谲云诡的国际形势、复杂敏感的周边环境、艰巨繁重的改革发展稳定任务，我们必须始终保持高度警惕，既要高度警惕'黑天鹅'事件，也要防范'灰犀牛'事件；既要有防范风险的先手，也要有应对和化解风险挑战的高招；既要打好防范和抵御风险的有准备之战，也要打好化险为夷、转危为机的战略主动战。"② 对于火灾风险的治理，其实就是让全社会增加火灾风险认知，防范化解火灾危险，特别是重大安全风险。风险治理是一项系统工程，涵盖风险识别与分析、风险评估、风险决策、风险处置等基本面向。防范化解火灾风险，应当将火灾风险视为主观与客观的综合体：一方面，要树立信心，把握事物发展的客观规律，不断提高风险意识，加强风险认知；另一方面，要不断增强人的风险控制能力，完善风险预警及控制系统，改进风险控制手段。

"如果我们不想再忍受副作用的侵害，科技的发展就应当在行进的节奏和方式上确保每个阶段的学习能力。这一切的预设是避免造成不可逆转的局面。反过来说，我们要加以揭示和完善的科技发展是一种替代性的变异体，它给错误和校正留下了空间。我们必须从迄今广为证实、大受赞同的'理论'出发来开展技术研究、制定技术政策，因为人的思考和行动难免犯错或留下疏忽。"③ 基于风险社会的历史阶段，对火灾风险来说，风险社会理论的客观主义包含制度主义是目前进行风险准备的主要依据。20世纪末起源与兴起的新制度主义，将制度作为基石，

---

① 布伦纳梅尔. 韧性社会 [M]. 余江, 译. 北京：中信出版社，2022：13.
② 习近平. 习近平谈治国理政：第3卷 [M]. 北京：外文出版社，2020：219-220.
③ 贝克. 风险社会：新的现代性之路 [M]. 张文杰, 何博闻, 译. 南京：译林出版社，2022：208.

强调了制度这一核心作用,新制度主义理论由此成为国内外学者研究本国乃至世界问题的又一选择,拓展与丰富了研究分析范式。纵然社会学制度主义、理性选择制度主义、规范制度主义等从不同角度切入分析并催生各自的研究方法,但无一离开"制度"这一核心,制度是管长远、管根本的。火灾风险的防范化解之道在于:应不断从火灾风险预警制度入手,以此完善火灾风险准备的机制与反应水平;建立火灾风险控制制度,对火灾风险致因因素及损失进行干预,达到预防火灾事故与减少损失的目标。

　　风险社会理论的主观主义并非一无是处。"虽然加强面对风险的能力很重要,但它得具备一个前提,亦即人们要知道'有风险'这件事,这就是应对风险的第二个主要任务,即风险'知觉'。"① 随着对消防安全的关注与防火灭火自救意识的提高,人们对火灾风险的认识也将提升一个层次。当前及接下来的时期,要朝着提高人们的火灾风险认知水平努力,使人们能够做到对火灾风险进行辨识。客观的火灾事件(如火灾警示录)有提高认识与警示的作用,社会的消防文化与个人心理的互动过程及它们之间的相互作用,能强化公众的风险感知和反应行为。对于火灾风险的认知,还能提高人们对火灾进行预防的主动性和积极性,无论是老百姓还是消防行业从业者,加强火灾风险信息沟通都是必需事项,消防行业从业者还要提高火灾风险预测与风险计算(评估)能力。②

　　发人警醒的火灾事故证明了当前科学技术的不发达及火灾风险控制手段的滞后,马克思主义的实践论与历史发展观也解释了人类社会现代

---

① 郑作彧. 时间形式的时候化:社会时间形式的改变及其当代现状 [J]. 学习与探索, 2018 (1):21-36.

② 消防行业从业者在进行风险预测与计算时,要避免火灾风险预测、计算的不完整性,这就要求相关人员尽可能找出所有潜在火灾隐患,然后对已辨识的危险考虑到所有可能由火灾事故造成的后果。

性的不完全。只要人类实践不断开展创造性实践活动，火灾风险就会伴随，发展科技、提高生产力、实现社会主义现代化依然是紧要的历史使命，不能以存在火灾风险为由就否定我们的实践活动。目前及以后的很长一段时期内，我们还得持续开展火灾风险治理，长期与火灾做斗争。

第四节 风险社会中的消防刑事责任

一、消防刑事责任归责原则

（一）被容许的危险的理论

一方面，消防领域刑事犯罪罪名有利于震慑与打击消防安全领域的违法犯罪行为，2021年，《中华人民共和国刑法修正案（十一）》［以下简称《刑法修正案（十一）》］新增了"危险作业罪"，修改了"强令违章冒险作业罪""提供虚假证明文件罪"，增加了事前处罚。此次修正案填补了法律空白，对消防安全领域来说，加大了对消防违法犯罪行为的打击力度，提高了震慑力，具有深远意义。另一方面，刑法作为最严厉的处罚措施，具有"谦抑原则"，"谦抑原则"也就是"最后手段原则"，又称为"不得已原则"，是指刑法应当是保护社会或者干预不当行为的最后选择。在风险社会中，公共消防安全领域就属于风险存在的领域，在公共消防安全火灾防范工作中，从事消防安全业务的活动属于风险业务活动，风险业务或多或少地伴随着一定的风险，而从事此类岗位的人员在从事工作之初或之后，显然能够意识到这一风险的存在，只是在自我认识方面的深度与重视程度有别而已。在风险社会背景下，如何针对风险社会的特殊性，分析与界定违法犯罪嫌疑人的消防刑事责任，成为我们要思考的问题。

在风险业务领域，被容许的危险理论引起我们的注意。该理论源自19世纪末的德国，最早由德国学者 V. 巴尔（V. Bar）提出。19世纪后半叶，科学技术的发展、工业化的进程，促使德国的矿山、煤气、铁道企业快速发展。巴尔认为，社会生活中不可避免地存在一定的危险行为，如果为了完全防止实害发生而要求采取过度的预防措施，就排除了所有企业活动的可能性，因此，即使行为人懈怠了没有采取过度的预防措施，犯罪也不成立。① 后来这个理论快速得到承认和运用，他的这种观点被日本和美国等国的刑法学者作为阻却或减轻刑事责任的理由而采用。被容许的危险理论表明，社会生活中存在一些危险性活动和行为，但这些活动和行为有益于社会，它带来的积极影响远大于它给人们的生命或财产带来的现实危险，因此，这种危险的活动和行为将得到社会的容许。比起更严重的后果，更大的风险，我们不能为了避免这些危险性而去阻止这些行为。要解决这个矛盾，只能在尽量减少这些行为带来危险的前提下，允许这些危险行为存在。

按照被容许的危险理论，"行为人是否履行注意义务（被合法免除的义务除外），主观上是否存在过错，是成立犯罪过失的关键"②。"如果行为人切实履行了注意义务，就不能构成犯罪；如果行为人未履行注意义务，系由于主观过错，就构成犯罪；如果行为人主观上并无过错，而是由于不能预见或无法抗拒的原因，未能履行注意义务，以致造成危害结果，则是允许的危险，行为人不负罪责。"③ 随着发展，该理论成

---

① 张明楷. 论被允许的危险的法理 [J]. 中国社会科学, 2012 (11): 112-131.
② 姜伟. 犯罪过失与免责理论 [J]. 中国法学, 1994 (2): 95-100.
③ 许发民. 论社会发展进步与犯罪构成要件的敛缩 [J]. 政治与法律, 2002 (5): 45-51.

为新过失论的理论基础。① 被容许的危险理论揭示，在符合法律规定的情况下，行为人一方面造成了某种危害结果，另一方面阻却或减轻行为人的刑事责任。被容许的危险理论的目的主要是把注意义务的内容限定在合理的范围内，以制止过苛地追究过失行为的责任。根据风险社会理论的风险定义，我们对被容许的危险理论采用"危险"表述，而不采用"风险"，道理显而易见，因为危险是一种状态，在被容许的危险理论中，行为人实施的行为确定且已造成了某种危害结果，而不可能是风险定义中的不确定性。

在消防行业领域，我们可以用被容许的危险理论来解释很多与消防有关的事情。例如，《中华人民共和国道路交通安全法》第五十三条第一款规定："警车、消防车、救护车、工程救险车执行紧急任务时，可以使用警报器、标志灯具；在确保安全的前提下，不受行驶路线、行驶方向、行驶速度和信号灯的限制，其他车辆和行人应当让行。"消防车在出警的途中或者在执行紧急任务时，突破了行驶路线、行驶方向或者行驶速度和信号灯的限制，但是因意料不到的原因，与其他车辆发生了交通事故，或者撞向并损坏了其他重要的设施设备，这种情况下法律就不能对消防车辆驾驶员进行刑事追诉，即便一开始就知道消防车的这种行为存在风险，当然最终也确实造成了危险结果，因为相对于灭火救援以保护人民的生命财产安全而言，法律就认定为这是被容许的危险。例如，消防指战员在实施灭火救援或抢险救援行动时，根据现场的必要性，破拆阻碍灭火与救援行动的门窗等物，或者采取水带、绳索救援的

---

① 新过失论针对传统过失论而言，其观点是：随着产业革命的发展，许多危险行为对社会的发展具有有用性与必要性；只要行为人遵守了相关的行为规则，即使造成了法益侵害结果，也不能认定为过失犯。以行为无价值论为理论基础，通过在预见可能性的要件之外增加结果回避义务违反的要件，限定过失犯的成立范围。结果回避义务的内容，根据置于行为人立场的通常人一般应当遵守的社会的行为准则来确定。

方式，采取被困人员外墙疏散救援、横渡湍急的江河水流等方式。此时，即使造成了物体损坏或者被救援人员损害等后果，也不能因此进行追诉，因为这同样是被容许的危险行为。又如，在扑救森林火灾过程中，开辟防火带，采取"以火攻火"的反向点火战术，会损失部分森林资源，但是相对于无法阻止的火势蔓延，显然危险性更小，损失更小。这种火灾扑救的行为就可以被视为容许的危险行为。从严格意义上说，刑法中与消防有关的罪名是消防责任事故罪、失火罪、放火罪，在广义上还包括重大责任事故罪、工程重大安全事故罪、危险作业罪、强令违章冒险作业罪、提供虚假证明文件罪与不报、谎报安全事故罪等。上述犯罪罪名中，存在过失犯罪与故意犯罪两种。

（二）结果挽救与危险判断

结果挽救与危险判断指的是两层含义。结果挽救是针对行为人对于危害结果的发生采取了挽救措施，避免了危害后果的最终发生，然后涉及构不构成犯罪的问题。危险判断是对被容许的危险的行为在适用于解释的过程中，对于危险行为符合被容许的范围的限定条件，这就涉及被容许的危险的行为被容不容许的问题。

在非刑事领域，结果挽救对于减轻或者减免行为的责任具有影响，但是在刑事领域能否影响犯罪构成？结果犯，又称"实质犯"，是指犯罪行为必须造成犯罪构成要件所预定的危害结果的犯罪。结果犯不仅要实施具体犯罪构成客观要件的行为，而且必须发生法定的犯罪结果。危险犯，是指以行为人实施的危害行为造成法定的某种危害结果的危险状态作为既遂标志的犯罪。无论行为人是否负有防止危害结果发生的责任与义务，只要行为人采取了挽救措施，防止了危害结果发生，就排除在犯罪要件之外。当然，作为结果犯的罪名，是以是否有法定的危害结果的发生作为判断标准的，无论行为实施人是否进行了结果挽救，犯罪构成都是以是否存在法定的危害结果为依据。如消防违法行为人虽然违反了消防管理规定,或者因为失火,在火灾引起的过程中,在存在严重结果发生可能性的前提下,其采取了积极措施避免了严重后果的发生,另外不是由于行为人的挽救行为,但是法定危害结果同样没有发生,此时,行为人不能符合犯罪构成要件。这正符合消防责任事故罪、失火罪结果犯的性质。对于强令违章冒险作业罪,即使是行为人采取了结果挽救,避免了危害结果的发生,也仍然存在构成本罪的可能。

  对于被容许的危险理论的引入,研究者对此存在不同观点。"我们既要对所谓风险刑法观保持警惕,也要谨慎对待被允许的危险的法理;动辄以进入危险社会为由扩大处罚范围的观点与做法,或者动辄以允许的危险为由为行为人开脱罪责的观点与做法,都是相当危险的。"① 然而,时至今日,虽然刑法并未对被容许的危险理论实施条文化,但是被容许的危险理论在交通运输领域与医疗领域获得了解释。虽然被容许的危险理论或许不能够运用在刑事司法领域,但它仍然可以给我们启示,不能否认它对于事件最初的解释意义。因此,被容许的危险理论的解释作用必须符合一定的前提条件特征。被容许的危险的理论要求判断行为人主观上的动机,并且被容许的危险持最小危害原则,也就是危害结果不能是不可接受的,比如,主观上的恶意导致严重的车毁人亡等严重结果,同时,行为对社会有益且必要者,才可适用。对被容许的危险行为,除了判断危害结果之外,还要看其行为本身,对危险的行为要判断行为人是否遵守了相关的规章制度,履行了注意义务,否则发生了危害结果,针对不容许的危险行为就不能被容许。

（三）对结果可能性的预见

  卢曼的《风险社会学》认为,人们把风险的概念规定为安全的对应概念这种提法虽然广为流传,但作为风险的对立概念,安全在这个概念丛中是一个空的概念,就像健康概念在"患病/健康"中一样,它只

---

① 张明楷. 论被允许的危险的法理 [J]. 中国社会科学, 2012 (11): 112-131.

起到了一个自反概念的作用。因此,卢曼认为风险与安全不具有对立性,而应该将"风险"与"危险"对立起来,用"风险/危险"这种观察方式来进行区分与标示。但是,卢曼的这本书与其所处的社会环境、他要转换套用他的系统论理论有关,卢曼的这种风险与危险对立的观点同样是站不住脚的,因为我们在前面已经说过,风险是一种不确定性,危险是一种状态,危险是与安全对应的,风险与危险对应并不能对我们有所启发,对我们研究与处理风险难题也并没有实质性的贡献。那么,风险应当与什么对应,才能有所获益?

"风险"与"意外"对应。意外,是意料之外、料想不到的事件,也指突如其来的不好的事件。在应急管理领域,意外事故指的是,不是出于故意或过失,而是由于不可抗拒或不能预见的原因造成损害的结果。如果事情的发生是我们一无所知的,并因此造成了难以确定的危害,那么这种危害就是"意外"。意料之外意味着遭遇未知事态,这种事件的发生超出了我们的认知范围,是不可预见的。因此,"意外"强调的是不可预见性,处于可预料之外,这就排除了行为人的注意义务。

消防刑事追责领域,同样要判断行为人对结果的预见可能性。如果行为人负有消防监督管理的职责,而行为人本来应当预见到火灾风险并采取相应措施,但是行为人没有充分履行注意义务,让本应可以化解、减小的危害后果最终发生、扩大,那么行为人就不能排除责任的追诉。但是,如果事件的发生根本无法预见,即使是根据本岗位从业者的经验性也不能预见,那么就属于不可预见的范畴,属于意外的火灾事故。经验性,是指社会实践参与者在本行业岗位,在客观上对危险的发生具有预见的可能性。在经验性要求下,相关业务人员拥有预见与注意的义务。如消防控制室操作人员知道对系统的反应置之不理,采取消音关闭等方式是存在危险的,消防安全巡查人员知道不劝阻在危险场所吸烟行为的危险性,等等。对结果有具体的预见可能性,是疏忽大意的过失与过于自信的过失的责任要件。我们也可以根据《中华人民共和国刑法》

（以下简称《刑法》）第十六条的规定，行为即便在客观上造成了损害结果，但行为人并不是持有故意或者过失的罪过形式，而是由于不可抗拒或者不能预见的原因造成的，便不能构成犯罪。因此，行为人对于不可抗力和意外事件，根本无法具有预见的可能性，就排除了犯罪。

（四）行为与结果的因果性

职务、业务过失类犯罪中，首先是行为人负有相应的责任；其次是行为人的行为违反了刑法的禁止性规定和相应的规章制度，行为人的违法行为与造成危害后果之间具有因果联系。准确判断违法行为与后果造成之间的因果关系，该因果联系应当是直接的因果联系，消防违法行为人的违法行为与严重后果的发生具有直接联系，把握违法行为与后果造成之间的因果联系是关键性因素。在风险社会中，行为人对于风险性职务、风险性业务的操作是通过其行为的合法性、合规性来体现的，显然，如果处于这一风险业务岗位的监督管理人员并未违反刑法的禁止性规定和相应的规章制度，也就是其职务行为合法合规，那么即便是发生了危害结果，也不能归责于监督管理者。这说明，危害结果的发生与监督管理人员的行为并无因果联系。"宽严相济刑事政策对于客观行为的入罪化和出罪化有着重要的指导意义：'宽'代表扩展出罪路径，进一步贯彻刑法的谦抑性，而不是追求刑法的一味扩张；'严'则是需要进一步构建严密的刑事法网，避免将本应入罪的行为逃脱刑事责任的惩罚。"① 消防刑事追诉唯有把握好入罪与出罪的界限，才能发挥应有的威慑与保障的双重功效。

讲到行为与结果的因果关系，还需要提及一个概念，即危险分配。被容许的危险理论并没有使风险行业领域的风险消除，而是对发生的危险行为进行处理。而危险分配的产生，让责任的归属更加合理与分明。

---

① 韩博雅，郑雪. 非法经营罪司法扩张之检视与反思 [J]. 人民论坛，2021（2）：99-101.

危险分配将原先由危险作业人员承担的注意义务分解了，并将其分配给不同的主体，这就产生了危险分配理论。首先，危险分配理论以信赖原则为基础。信赖原则是指当行为人实施某种行为时，在可以信赖被害人或者第三人能够采取相应的适当行为的场合，被害人或者第三人不适当的行为导致结果发生，行为人对此不承担过失责任。危险分配，意味着在风险行业领域，从事危险作业时，参与者以相互间的信赖作为原则基础，如果危险作业发生了危害结果，就应当将这种危害结果的责任在参与者主体之间进行合理分配，各参与者承担相应的责任部分。危险分配与注意义务的多少具有关系，谁负有的注意义务更多，谁的危险分配就承担更多。危险分配理论也可以解释有关事情，比如，综合体商场的消防管理人员信赖前往商场购物的每个顾客不会在商场纵火，此时危险的分配在于每个顾客承担，而如果消防管理人员对一个拿着火源等危险物品，扬言要烧商场的不速之客置之不顾，则责任的承担将会部分分配至消防管理人员。

二、消防责任事故罪的困境

（一）问题的提出

刑法是最严厉的法律，是国家打击犯罪行为的利剑。在公共安全领域，若实施危害公共安全行为，就会造成不特定多数人伤亡或者使公私财产遭受重大损失的危险，危害公共安全罪便与之匹配。作为危害公共安全的罪名之一，消防责任事故罪承担了在消防安全领域威慑与保护公众人身安全及公私财产的使命，是惩治违反消防管理法规以致严重后果的行为人的法律依据。1997年刑法修订，消防责任事故罪自此登上历史舞台。在最初的几年，学术界与实务界更多的是探讨消防责任事故罪的构成认定，或者如何区分适用本罪与他罪问题；往后至今，关于消防责任事故罪的学术探讨与实践研究产生的成果却较少，研究不深不细，少数学者对消防责任事故罪的适用提出了问题，但至今未在实证研究方法上加以运用。消防安全渗透到社会各领域，社会生产、生活与发展，于某种程度来说，消防无刻不在、无时不有，涉及面广，消防责任事故罪使命重大，运用效果却不尽如人意。

2021年3月1日正式实施的《刑法修正案（十一）》对安全生产领域的犯罪条款做了不少修订①，符合新形势下公共安全领域犯罪行为惩治的需要。然而，纵观几十年，我国社会发展变迁快，消防安全形势也随之发生了重大变化，与之对应的行政管理领域在不断改革推进，唯独在刑事领域未能跟上步伐。自消防责任事故罪立法至今，历经二十余年未曾修订②，这与学术界对消防责任事故罪的研究论证不充分有关，在某种程度上说，也与实务界对于消防责任事故罪的实践研究与立法推

---

① 2020年12月26日表决通过的《刑法修正案（十一）》针对强令违章冒险作业罪，以及关闭生产安全设备设施和数据信息，拒不整改重大事故隐患，未经审批擅自开展高危生产作业活动，以及提供虚假证明文件等涉及生产安全等突出问题对刑法做出修改完善，该修订案于2021年3月1日起施行。

② 2008年，《最高人民检察院、公安部关于公安机关管辖的刑事案件立案追诉标准的规定（一）》颁布，其第十五条规定：违反消防管理法规，经消防监督机构通知采取改正措施而拒绝执行，涉嫌下列情形之一的，应予立案追诉：（一）造成死亡一人以上，或者重伤三人以上；（二）造成直接经济损失五十万元以上的；（三）造成森林火灾，过火有林地面积二公顷以上，或者过火疏林地、灌木林地、未成林地、苗圃地面积四公顷以上的；（四）其他造成严重后果的情形。2015年，《最高人民法院、最高人民检察院关于办理危害生产安全刑事案件适用法律若干问题的解释》颁布，其第六条对该罪的立案追诉做出了详细规定，第七条对"后果特别严重"的情节进行了详细司法解释。该解释第六条规定：实施刑法第一百三十九条规定的行为，因而发生安全事故，具有下列情形之一的，应当认定为"造成严重后果"或者"发生重大伤亡事故或者造成其他严重后果"，对相关责任人员，处三年以下有期徒刑或者拘役：（一）造成死亡一人以上，或者重伤三人以上的；（二）造成直接经济损失一百万元以上的；（三）其他造成严重后果或者重大安全事故的情形。第七条规定：实施刑法第一百三十九条规定的行为，因而发生安全事故，具有下列情形之一的，对相关责任人员，处三年以上七年以下有期徒刑：（一）造成死亡三人以上或者重伤十人以上，负事故主要责任的；（二）造成直接经济损失五百万元以上，负事故主要责任的；（三）其他造成特别严重后果、情节特别恶劣或者后果特别严重的情形。

动不无关系。刑法罪名的设立须严肃谨慎，罪名设置最忌虚置，否则就会成为僵尸法条，不能发挥罪名惩治犯罪的应有效能。消防责任事故罪适用效果不理想，其立法与司法实践现状理应受到足够重视，亟待从法学理论视角加以论证，从实证研究分析的角度不失为一种最佳路径。

（二）样本选取：基于合法性与合理性的基本假设

1. 研究样本的选取

本研究的样本为消防责任事故罪的刑事案件文书，文书时间区间为：1997年10月1日（1997年刑法正式生效时间）至2020年12月31日，共获取消防责任事故罪案例文书69份，其中，一审判决49份，其他文书20份（二审判决1份，二审裁定13份，刑更裁定5份，驳回申诉通知书1份）。因消防责任事故罪于1997年设立，至今全国案例数量极为有限，案例屈指可数，加之需要一定的案例量才能利于实证分析，因此，对于消防责任事故罪的实证分析，以目前能够获取的上述49份判决书作为研究样本。

此外，基于本研究基本假设的需要，有必要再获取重大责任事故罪的样本，此研究样本为重大责任事故罪的刑事案件判决文书，共选取了重大责任事故罪一审判决文书370份，同样是基于横向对比的考虑，以保证分析的质量，故选取的重大责任事故罪案例的文书时间区间同样为：1997年10月1日至2020年12月31日。对上述所有一审判决，经过筛选确定，均为终审判决，排除了二审判决、裁定的干扰因素。概而括之，本项研究的样本为消防责任事故罪与重大责任事故罪案件的一审判决文书，共计419份。[1] 我们通过对以上案例进行研究，寻求的是掩盖在案例之下，进而分析众数据之后的真相。

---

[1] 案例来源于"小包公智能类案检索系统"。

2. 研究样本的价值性

此次样本的选取重在客观性、典型性、代表性。一方面，由于消防责任事故罪自写入刑法以来，至今审判的案例极其有限，直至当前，我们在全国范围内能获取的案例仅为69例，屈指可数。经过筛选，对保留的49例消防责任事故罪研究案例而言，具有典型性与代表性不言而喻，我们仅能在这些案例范围中进行研究。另一方面，对消防责任事故罪的研究，离不开对危害公共安全罪中的重大责任事故罪、失火罪、工程重大安全事故罪、重大劳动安全事故罪等罪名的区分，而对于法学研究领域及司法实践界来说，将消防责任事故罪与失火罪、工程重大安全事故罪、重大劳动安全事故罪等罪名区分开来，在识别厘清障碍方面的帮助并不大，毕竟上述相关罪名在各自犯罪构成要件上具有较为明显的区分。

但是，在实践中，消防责任事故罪与重大责任事故罪存在较大的混淆程度，在发生火灾的安全生产领域，无论是在学理解释、司法解释，抑或是在犯罪侦查、提起公诉与裁判实务中，均存在一定程度的干扰因素。加之基本假设要求将重大责任事故罪纳入研究样本范畴。重大责任事故罪样本的选取时间区间与消防责任事故罪样本时间区间一致，以保证研究样本的典型性、代表性，有利于从中发现规律性。至今统计，重大责任事故罪案件达1万多起，为保障样本选取的客观性、典型性、代表性，在特定时间范围内，以"火灾"作为搜索限定词加以限缩，共选取370份一审判决文书，即这370个案件均是与"火灾"有关的案件。上述消防责任事故罪与重大责任事故罪研究样本，几乎涵盖了目前所有的相关基础案例，对于开展下一步实证研究提供了可行性。

3. 消防责任事故罪适用问题的初步判断

刑法罪名的适用频率与程度存在差异性，倘若一个罪名的适用频率与程度过小，那么不外乎有以下几种原因：一是犯罪构成要件苛刻，对于罪名本身构成要件而言，现实存在的犯罪现象不多，犯罪主体、行为、犯罪后果出现少等，或者是犯罪构成要件与现实情况存在不一致性；二是立法本身存在的缺陷，立法不明晰，构成要件标准不统一，妨碍了侦查立案，以致后续司法程序无法从应然层面正常开展；三是司法认定实践存在难题，罪名设置与其他罪名之间存在不明晰之处，容易与其他罪名相混淆，最终导致司法适用不统一；四是司法回应性反应，在新形势下，基于政治导向、社会政策等客观形势的影响，司法实践本能地对罪名适用做出现实回应。与此相对，消防责任事故罪就可能存在犯罪构成要件门槛高、立法存在缺陷等问题。

"一个法律制度，从其总体来看，是一个由一般性规范同适用与执行规范的个殊性行为构成的综合体。它既有规范的一面，又有事实的一面。"① 合法性问题与合理性问题共同构成法律适用的两个面，它们是法律适用正当性与正确性的评判标准。"合理与合法问题是法律适用的基本问题，它往往代表着法律原则、理念与法律适用之间的差距。这个差距在现实中的张度，直接影响着我们认定一种行为的合法性和合理性。"② 如此而言，上述研究样本（所有一审判决），即为终审判决，按照司法确认制度，从法律意义上讲，判决的做出就是对事实的认定，我们有理由相信这些判决是基于法律与事实做出的正确判决，毕竟判决是经过公诉机关与被告人（辩护人）双方的激烈博弈这一程序产生的；然而，我们不无理由怀疑上述判决在合法性与合理性问题之间存在的疑难问题，因为基于前面所述的消防责任事故罪适用频率与程度过小的现实存在，这仍然是我们要思考的问题。消防责任事故罪法律适用存在的现实问题，背后终究是合法性还是合理性问题，正是我们下一步要分析论证的点。

---

① 博登海默. 法理学：法律哲学与法律方法 [M]. 邓正来，译. 北京：中国政法大学出版社，2017：258.

② 王璐. 合法性与合理性：关于微博谣言法律规制问题的实证研究 [J]. 河北法学，2013（4）：120-127.

(三) 实证分析：身处迷宫中的消防责任事故罪

1. 消防责任事故罪入罪门槛高

所谓入罪门槛，就是一项犯罪的构成需要的各项条件，符合犯罪构成要件各项要素即构成犯罪，入罪门槛实则指犯罪构成要件，这也是犯罪构成的最基本要素。于消防责任事故罪而言，《刑法》第一百三十九条第一款对该罪的立法规定是："违反消防管理法规，经消防监督机构通知采取改正措施而拒绝执行，造成严重后果的。"

从该立法规定可以直接判断，消防责任事故罪在客观方面的入罪门槛包含三个方面：一是违反消防管理法规，二是经消防监督机构通知采取改正措施而拒绝执行，三是造成严重后果。当然，按照犯罪构成四要素理论，该罪名后面还隐藏了主体、客体、主观方面的入罪门槛。除去客体方面的要素无争议外，在此，我们仅讨论主体与主观方面的要素。该罪的犯罪主体是自然人还是单位，在学术界存在争议，大致有三种观点：一是认为是个人，二是认为是单位，三是认为是个人和单位。纯正的单位犯罪只能由单位作为犯罪主体而构成，反之，除单位能作为犯罪主体之外，自然人也能作为犯罪主体的单位犯罪则是不纯正的单位犯罪。《刑法》第一百三十九条并未明文表述主体用语，但我们从纯正单位犯罪的罚则惯用表述"直接责任人员"就可以推断出，消防责任事故罪只能是单位犯罪，属于纯正单位犯罪。为何当初立法者未直接在法条中表述主体用语，或许与当时社会发展形势和保守表述有关，我们不得而知，因为除了第一百三十七条的工程重大安全事故罪具有明确的主体外，其他单位过失犯罪同样没有明文表述。在主观要件上，消防责任事故罪主观上属于过失。故意与过失两种形态是不同的犯罪形式，且仅此两种。通过刑法理论的认识因素与意志因素，我们能明显确定消防责任事故罪的罪过形式属于过失，否则何以称为"事故"。①综上所述，消防责任事故罪的入罪门槛可以概括为：拥有前置条件的过失性纯正单位犯罪。

消防责任事故罪主观过失无争议，其本身是业务过失类犯罪，纯正单位犯罪也无争议，这两方面的入罪门槛将给入罪率带来一定影响，但仍不是最重要的影响因素，因为其他罪名同样存在这些方面，属于共性。那么，剩下的前置条件，即客观方面的入罪门槛就成为我们要研究的对象。通过整理研究样本，可以分析而得，2012—2015年，消防责任事故罪案件寥寥无几，2012—2015年分别为1例、1例、4例、3例。以2013年、2014为例，据统计，消防救援部门分别检查单位（场所）511.6万家、992.3万家，2013年发生较大火灾117起，死亡449人，另有重大火灾事故4起，特别重大火灾事故2起，而2014年发生较大以上火灾72起，死亡285人。②虽然我们不能说上述数据与当年消防责任事故罪案件数构成某种关系，但是通过对比，我们不妨做出以下五种原因探析：一是许多火灾事故并非发生在单位性质场所；二是许多火灾事故未经消防监督机构监督检查，进而做出"通知"；三是许多火灾事故单位主体在收到通知后，按通知内容积极整改完毕；四是许多火灾事故经消防责任事故罪立案后，最后由于情节轻微等免于起诉；五是许多

---

① 非"事故"形式的另一面，是针对过失罪过形式的故意，此种情形，则需要对具体个案进行分析，根据实际情况，按照犯罪构成要件分别对应故意杀人罪、以危险方法危害公共安全罪等罪名。
② 以上统计数据来自《中国消防年鉴（2014）》与《中国消防年鉴（2015）》。公安部消防局. 中国消防年鉴（2014）[M]. 昆明：云南人民出版社，2014：4，289-290；公安部消防局. 中国消防年鉴（2015）[M]. 昆明：云南人民出版社，2016：3，351.

火灾事故未进行消防责任事故罪的立案侦查。① 总之，无论是数据还是分析表明，消防责任事故罪的高门槛都在于客观要件。

2. 重大责任事故罪司法适用扩张趋势

判决文书在做出的时候是必须严格依法裁判的，因此，要从裁判文书中找出不依据刑法法条裁判的表述极为困难，只能从司法适用、法律解释方面进行剖析。消防责任事故罪案件少的现实现状不能不引起我们的反思，如前所述，消防责任事故罪案件与火灾及消防监督执法数量不成比例关系的原因有五种，我们不能仅此就断定在案件侦查、公诉及审判阶段对第一百三十九条规定进行了限缩，而从本项研究选取的重大责任事故罪研究样本来看，检察院、法院司法机关对重大责任事故罪法律适用呈现扩张解释趋势恰恰显示出来。刑事司法包括两个方面，一是定罪，二是量刑，我们从这两个方面分别进行分析。对研究样本进行梳理，可以发现，重大责任事故罪案件中被告人的身份不仅仅是单位的法定代表人、实际管理人、消防管理人，还包括其他有关人员，当然前提依然是被告人与造成严重后果的结果具有直接的因果关系，除单位主体外，还有个体户等非单位主体。在监督检查主体方面，不仅仅是消防部门、公安派出所，还包括镇街、消防安全委员会、居民服务管理所、防火指挥部，在案件基本事实方面，同样存在违法行为人经通知整改而不整改或整改不完全的现象，通过研究样本分析，可知重大责任事故罪司法适用存在扩张趋势。

其实，一方面，通过分析研究样本，可知"监督检查主体类型""被告人主体类型"与最终判为重大责任事故罪不具有必然因果关系。

---

① 由于消防体制改革，消防责任事故罪案件的办理随之发生变化。2019年4月16日，应急管理部、公安部、最高人民法院、最高人民检察院联合印发《安全生产行政执法与刑事司法衔接工作办法》，该办法明确了应急管理部门移送案件的程序及所需附送的材料，明确了公安机关做出立案或者不予立案决定的期限及相关要求，强化各部门协调配合，构建常态化协作机制。

换言之，就是在刑法规定的前提下，在"监督检查主体类型""被告人主体类型"等多样性的情况下，均可能进入重大责任事故罪圈。另一方面，以量刑为基本面，通过对研究样本分析所得，在重大责任事故罪一审判决中，有275份判决存在违法行为人采取积极赔偿等方式"取得被害人谅解"，"取得被害人谅解"均是从轻处罚的因素。那么，这就从侧面反映出在惩罚犯罪行为人的同时，又有倾向于维持社会面稳定的一面，这与发生火灾事故之后通过事故责任追究以平息民愤的倾向不谋而合。综合以上样本的分析，可以看出，自始以来，重大责任事故罪的司法适用就存在扩张趋势。"扩张解释与类推解释在界限上并非泾渭分明，如果没有文义最远射程和国民预测可能性的约束，扩张解释对语义的扩充进行到一定程度后就演变成类推解释。"① 刑法规定的每个罪名本身具有自身相对稳定和确定的适用范围，拥有一套适应自身规制对象的功能逻辑，因此，一旦重大责任事故罪的适用范围不断"膨胀"，就会大幅"压缩"消防责任事故罪的适用空间。当然，也可通过实证分析中的 Logistic 回归分析去印证，"Logistic 回归分析是一种对变量层次要求不高因而对社会科学来说很好用的回归分析方法之一，它可以同时展开多个、多种自变量对一个二分定类的因变量的统计分析"②。此情形下，以定罪为基本面，将"监督检查主体类型""被告人主体类型"作为自变量，以案件是否判为重大责任事故罪为因变量，对样本进行分析后对比 sig 值与 0.05 间的大小，以观察上述两类因素是否对判为重大责任事故罪具有显著影响。③

3. 消防责任事故罪替代性风险催生

立法的不明晰，消防责任事故罪客观要件的笼统性，与现实需求存

---

① 袁博. 论扩张解释在刑事案件中的应用：以司法实务中疑难案件的审判为视角 [J]. 政治与法律，2013（4）：146-153.
② 白建军. 法律实证研究方法：第2版 [M]. 北京：北京大学出版社，2014：182.
③ 因篇幅原因，在本书中不对样本进行 Logistic 回归分析详解。

在不相适应的地方。至于消防责任事故罪条款中的"严重后果"的界定，已相继于2008年、2015年出台了司法解释，但这并非一劳永逸，当前社会的发展变迁，消防领域责任主体范围、消防监督部门、消防监督执法形式等方面发生了复杂的变化，导致消防责任事故罪在法律适用方面仍然存在很大的模糊性。从刑法罪名的设立和修改过程观之，罪名设置的实质是协调刑事政策与刑事立法的矛盾关系，平衡事实与规范之间的利益、处理它们之间的冲突。我们评判一个刑法罪名设置成功与否，关键要看它是否顺利调和了矛盾，平衡了利益。通俗地说，评价标准在于该罪名能否有效地适用以及该罪名的适用是否达到了立法之初设定的目标。① 在立法之初，即便消防责任事故罪与重大责任事故罪立法目的意图不同，两者分别是针对两种领域两种行为做出的不同罪名，但在危害公共安全罪领域，两罪似乎存在难舍难分的现象，在长期的司法实践中自然而然催生了重叠问题。尽管单纯从法条上能够直接辨认出两罪的区别，不少论文也是单纯从法条字面意思上区分判断两罪，然而，现实中犯罪主体、行为形态纷繁复杂，很难形成统一的法律适用标准。《刑法》第一百三十四条第一款对重大责任事故罪的立法表述是"在生产、作业中违反有关安全管理的规定，因而发生重大伤亡事故或者造成其他严重后果的"，从该立法表述可以看出，其与消防责任事故罪立法表述除了在范围划分外，实质无差异。② 消防安全属于安全领域，重大责任事故罪范围更广，可以包括消防安全领域，消防安全管理法规也属于安全管理法规中的一种。对于造成的后果而言，两罪量刑表述方式与

---

① 李永升，袁汉兴. 我国经济刑法中"僵尸罪名"的检讨与调适［J］. 湖南社会科学，2020（6）：104-111.
② 重大责任事故罪涉及工厂、矿山、林场、建筑企业或者其他企业、事业单位等，范围更广，其余事故类犯罪都是依据行业性质，从重大责任事故罪中独立出来，单独成立个罪（如消防责任事故罪、重大劳动安全事故罪等），以期全面确立惩治安全责任事故犯罪的刑法体系。

量刑幅度也存在相似性。①

既然消防安全责任事故罪与重大责任事故罪存在重叠问题，那么在司法实践中是否会交叉重叠，研究样本给我们提供了答案。通过分析研究样本发现，在370份重大责任事故案件样本中，有57份存在"通知采取改正措施而拒绝执行"或者是"通知采取改正措施却未完全执行"的行为（未完全执行也属于拒不执行的一种，同时未执行改正的内容必须与发生严重后果具有因果联系）。由此说明，"违法消防管理规定""通知采取改正措施而拒绝执行"与最终判为重大责任事故罪之间没有因果关系，换言之，就是在发生火灾严重后果的情况下，无论是否存在违反消防管理规定的行为，还是在通知采取改正措施后拒绝执行的行为，均有可能进入重大责任事故罪圈，这是因为重大责任事故罪的客观要件本身决定了入本罪的条件，再者，消防安全管理规定属于安全管理规定中的范畴，"违反消防管理规定"与"违反安全管理规定"存在重叠概念，在实践中也未刻意区分，在研究样本中有10份一审判决书"本院认为"部分直接用"违反消防管理规定"或者"违反有关安全生产、消防安全管理的规定"等用语，因此，在实践中，消防责任事故罪存在被重大责任事故罪替代的风险，消防责任事故罪从重大责任事故罪中独立并不彻底。

三、消防责任事故罪的出路

（一）厘清消防责任事故罪立法本意

纵观经济发达国家，尚未有与我国消防责任事故罪客观要件相同的罪名，从美国、德国、日本、俄罗斯等国家刑法法律规定看，都是规定

---

① 重大责任事故罪中，发生重大伤亡事故或者造成其他严重后果的，处3年以下有期徒刑或者拘役；情节特别恶劣的，处3年以上7年以下有期徒刑。消防责任事故罪中，造成严重后果的，对直接责任人员，处3年以下有期徒刑或者拘役；后果特别严重的，处3年以上7年以下有期徒刑。

类似失火罪的相似罪名，而法国则是将因过失引起火灾的相关罪名规定在《法国刑法典》第 3 卷第 2 章第 2 节"对人具有危险的毁坏、破坏、损坏财产罪"中，其第 322-5 条第 1 款规定，"由于不履行法律或条例强制规定的审慎或安全义务，引起爆炸或火灾，在非故意的情况下致使他人财产受到毁坏、破坏、损坏的，处 1 年监禁并科 15000 欧元罚金"①，其他款条文则规定了刑罚加重情形。《俄罗斯联邦刑法典》第 219 条规定的"违反消防安全规则罪"，其客观方面的表述为："负有遵守消防安全规则责任的人员违反消防安全规则，并过失造成人员健康的严重损害的。"② 日本现行《刑法典》第 116 条规定"失火罪"，第 117 条之 2 规定了"业务失火罪"："第 116 条或前条第 1 项之行为系由于业务上必要之注意或出于重大过失而犯之者，处 3 年以下禁锢或 150 万日元以下罚金。"③④ 在其他国家，如《捷克刑法典》第 273 条规定的"过失导致公共危险罪"，该条第 2 款第 2 项规定：对于违背基于其工作、职业、职位、职权所产生的或者法律所赋予的重要义务而事实行为的，处 6 个月以上 5 年以下监禁或者剥夺资格⑤。《葡萄牙刑法典》第 272 条规定了"实施防火、爆炸及其他特别危险行为罪"，第 274 条中还规定了"有特定资格的人或者获得正当许可的人"对于本条"造成森林火灾罪"的排除情形⑥，《希腊刑法典》第 266 条、第 267 条规定了"失火罪"及其免罚情形⑦。美国、德国未区分业务过失失火罪名，统一规定为失火罪。

---

① 最新法国刑法典［M］.朱琳，译.北京：法律出版社，2016：174.
② 俄罗斯联邦刑法典［M］.黄道秀，译.北京：北京大学出版社，2008：113.
③ 日本刑法典［M］.陈子平，谢煜伟，黄士轩，译.台北：元照出版有限公司，2018：84.
④ 日本司法实务中认为，一般通常人易于预见，或者对结果虽然有预见但易于采取回避措施的情况下，竟明显懈怠注意义务的，即可认为具有重大过失。
⑤ 捷克刑法典［M］.陈志军，译.北京：中国人民公安大学出版社，2011：160.
⑥ 葡萄牙刑法典［M］.陈志军，译.北京：中国人民公安大学出版社，2010：127.
⑦ 希腊刑法典［M］.陈志军，译.北京：中国人民公安大学出版社，2010：104-105.

上述国家在现有失火罪、违反消防安全规则罪等刑法条文框架下，消防行为犯罪打击也并非效果不良，即便火灾是全世界面临的难题。

从我国针对违反消防法律法规规定的立法沿革来看，1997年以前，针对违反消防法规的行为，视情节严重程度采取行政处罚与刑事处罚相结合的方式。① 除上述研究样本外，笔者还翻阅1997年10月1日前裁判的重大责任事故罪案件和失火罪案件，共找到10份重大责任事故罪案件与3份失火罪案件资料。通过查阅发现，凡是违反消防法规、办法或规范，或者违反后经通知改正拒不改正的，均以重大责任事故罪论处。如阿××提·卡德尔、陈×君等重大责任事故案（1995年）、黄×金、杨×长重大责任事故案（1993年）、黄×光、劳×泉等重大责任事故案（1994年）等5起案件。随着我国社会经济的发展，消防安全领域的违法犯罪行为逐渐凸显，为有效打击此类违法犯罪行为、维护国家与人民群众生命财产安全，1997年刑法增设了消防责任事故罪。很明显，立法者做出罪名增设的考量，从宏观上讲，是基于当时社会经济发展形势的需要；从微观上说，是针对消防安全领域社会单位拒不整改火灾隐患或违法行为而采取的严厉的刑法措施，将其置于刑法层面。从技术层面看，则是将消防业务过失犯罪单独区分出来独立成罪。任何罪名的设立都是基于当下需求，以便解决现存问题或预防未来可能发生的问题。法律实施效果评估是立法修订的有力支撑，当罪名与时代不相适应或立法技术不断使其优化之时，考虑立法条文的修订问题则是必需的。

（二）删除消防责任事故罪构成要件前置条件

从上述刑法立法沿革进程看，在某种程度上，可以说是消防责任事

---

① 该条例第三十条规定："违反本条例规定，经消防监督机构通知采取改正措施而拒绝执行，情节严重的，对有关责任人员由公安机关依照治安管理处罚条例给予处罚，或者由其主管机关给予行政处分。违反本条例规定，造成火灾的，对有关责任人员依法追究刑事责任；情节较轻的，由公安机关依照治安管理处罚条例给予处罚，或者由其主管机关给予行政处分。

故罪被立法者从重大责任事故罪中剥离出来独立成罪，但是对近几十年的刑事司法实践及法条实施效果进行评估，当初立法者的立法初衷并没有达成。这与消防责任事故罪构成要件的前置条件具有直接关系，有必要论证删除该罪构成要件前置条件。

一方面，催生了重大责任事故罪司法扩张化趋势风险。该扩张化趋势是一种具有风险性的趋势，从实证分析得知，重大责任事故罪司法扩张现象的存在，是迫于消防责任事故罪不能应对繁杂的社会形势，重大责任事故罪司法扩张顺应了这种选择。在法律解释理论范畴，合法性原则是起码的形式规制层面，它是刑法解释的首要原则，解释必须以符合合法性原则为前提。"合法性原则的要义就是：不管该实存的制定法合理与否，解释都必须与之相合。实存的制定法是解释的基础，是我们'向后看'的目的物。这种刚性的要求与法治要求的法的确定性、稳定性、可预测性相合，体现了一种严格解释的刑法精神。"[①] 刑法解释不能脱离法律文本而任由裁判者任意扩大化解释，至于实质上是否合理，则是涉及合理性原则问题，即关系到裁判者是否做出合理的实质判断。贯彻法条要义进行法律适用或者法律解释，符合合法性，但重大责任事故罪在司法实践中的扩大化适用，其合法性必然会遭受法理质疑与挑战。

另一方面，来自本罪构成要件条文设置内生性矛盾与外在性要求。一是构成要件主观要素的自相矛盾。如前所述，消防责任事故罪属于过失犯罪，罪过形式中的过失包含认识因素和意志因素，唯有意志因素才是故意与过失的区分点，意志因素属于心理态度，我们不能因为犯罪主体认识到犯罪的危险性或后果，就以故意罪过论断，因此，消防责任事故罪的主观要件中的意志因素是不希望或不放任。而刑法条文设置的"拒不执行"行为，其背后所持的主观态度的认识因素方面为"行为人

[①] 齐文祥，周详. 论刑法解释的基本原则 [J]. 中国法学，2004（2）：117-125.

已认识到危害后果发生的可能",在意志因素方面可以是"放任危害结果发生",具有主观上持放任态度的可能,这显然自相矛盾。二是前置条件设定有违公平正义。消防监督部门开展消防监督执法检查采取抽查式,即使有关法律法规对检查做出了检查规定,对单位场所的检查概率与频率也存在一定的随机性与偶然性,在刑法层面将行为人入罪依托于消防监督部门的检查整改通知,这明显不合理,而且,经检查就存在犯罪风险,不经检查则无法入罪,显然有违背公平正义之嫌。尽管存在以重大责任事故罪论处的可能性,行为人同样可以受到法律应有惩戒,但对标刑法目的与法律精神已是不相吻合。三是基于当前打击消防违法犯罪行为的现实要求。当前经济社会发展形势更新,不符合时代发展要求的立法条文应当随之修订。重大责任事故罪与重大劳动安全事故罪是示例。① 综上所述,删除消防责任事故罪构成要件前置条件是必然选择。

（三）重构消防责任事故罪犯罪构成要件

在考虑将消防责任事故罪构成要件前置条件删除之后,紧接着就要探讨构成要件的设置问题。"犯罪构成的要件是决定某种具体行为的社会危害性及其程度而为该种行为构成犯罪所必需的一切要件。这一特征告诉人们,犯罪构成是认定犯罪成立的规格和标准,只有对某种行为的社会危害性及其程度具有决定意义而为该种犯罪成立所必需的要素,才是犯罪构成的要件。"② 犯罪构成要件的重要性不言而喻,对此,我们做以下解析:在犯罪主体方面,消防责任事故罪的犯罪主体依旧是单位,即企业、事业单位、机关、团体这些主体,只能是纯正的单位犯罪,设定消防责任事故罪时不适合将其犯罪主体拓展至自然人,原因是一方面,要与危害公共安全罪领域过失性业务性犯罪类型相吻合;另一

---

① 1997年刑法第一百三十五条规定的重大劳动安全事故罪,以"经有关部门或者单位职工提出后,对事故隐患仍不采取措施"作为前置条件。2006年《中华人民共和国刑法修正案（六）》对该条进行了修订,删除了这种限制性的前置条件。
② 欧锦雄. 犯罪构成概念的新视域［J］. 天津法学,2018（4）:18-24.

方面，是基于删除构成要件前置条件后，自然会降低入罪门槛，而避免入罪范围的扩大，因为消防安全领域涉及社会生产生活方方面面，且属于风险领域，存在不确定性。在犯罪客体方面，本罪属于复合客体，客体是公共安全与国家消防监督管理制度，其中，前者是主要客体，后者是次要客体，关于客体的讨论对消防责任事故罪的法律适用并无实质性影响，在此不做过多阐述。在犯罪主观要件方面，本罪属于过失性犯罪，不存在主观故意情形，刑法理论中的犯罪故意，不论是直接故意还是间接故意，两种故意形式的内在因素都细分为"已经认识到发生严重后果的可能"的认识因素与"希望或放任严重后果的发生"的意志因素，显然，消防责任事故罪不属于故意犯罪中的任何一种形态，否则，就与过失业务性犯罪相矛盾，也就无所谓"事故"。

消防责任事故罪在其立法之初就是从重大责任事故罪剥离，独立成文的，在设置其犯罪构成要件时，尤其要注意与相邻罪名的区别，特别是与重大责任事故罪的分界，否则容易引发与相邻罪名的法律冲突问题，也会产生法条竞合现象，这涉及消防违法行为犯罪侦查、公诉与审判实践，将产生诸多问题。因此，在犯罪构成客观要件方面，可参照重大责任事故罪立法规定进行设定，但实质并非与重大责任事故罪雷同，尽管消防安全属于大安全的一种，独立成文却正是要实现消防责任事故罪与重大责任事故罪的彻底割断。最后，消防责任事故罪属于结果犯。[①] 综上所述，消防责任事故罪犯罪构成要件可以设置为：违反有关消防管理法规规定，因而发生重大伤亡事故或者造成其他严重后果的行为。

立法规则决定了刑事立法条文不可能具体、细微，"任何法律规范

[①] 2021年生效的《刑法修正案（十一）》在《刑法》第一百三十四条后增加一条，作为第一百三十四条之一，新增三类可直接入刑的安全生产重大违法行为，将过去常见的"关闭""破坏""篡改""隐瞒""销毁"以及"拒不执行整改""擅自从事高危险活动"等行政违法行为纳入刑法规制范围，冒险实施上述行为或将被追究刑事责任。将事故前严重违法行为入刑，意味着将"结果犯"调整为"危险犯"。

都是抽象、概括的规定，要适用到现实生活中具体的人和事，需要法律解释的媒介作用；任何法律规范都应该具有稳定性，要适应现实生活和人们认识的不断发展变化，需要法律解释；法律适用不得不面对和克服法律规范自身存在的模糊和歧义，从而需要法律解释；由于各种原因，法律规范本身存在缺漏，也需要把法律解释作为拾遗补阙的重要手段之一"①，这就有待于在立法与司法层面进行法律解释。此外，对于该罪的重大伤亡事故与严重后果的解释也需要进行明确。"必须通过解释来明确构成要件的规范性意义，并由此而使构成要件的抽象性、形式性向具体性、实体性靠近。"② 安全生产作业事故往往会与火灾事故并存，如何思考将"火灾是否发生"作为界定消防责任事故罪与重大责任事故罪的其中一个关键要素，这是留给我们的深层次论题，有待于在侦查、公诉与审判实践中进一步论证，但至少说明了消防责任事故罪单独设立的努力，从而真正实现消防责任事故罪的独立与回归。

---

① 张志铭. 关于中国法律解释体制的思考 [J]. 中国社会科学, 1997 (2)：100-117.
② 小野清一郎. 犯罪构成要件理论 [M]. 邓正来, 译. 北京：中国人民公安大学出版社, 2004：13.

第二章

本质安全理念在消防管理中的应用

第一节　消防管理安全本质化

一、标本兼治的本质安全理念

（一）系统的可靠性

可靠性属于数学、物理领域的范畴，可靠性理论是研究系统运行可靠性的普遍数量规律，以及对其进行分析、评价、设计和控制的理论与方法。可靠性理论基于系统不能始终做到百分之百的可靠需求而产生，系统的任何一个部分都存在不可靠的可能，由此形成一个总体的概率。这样说的话，系统的组成部分越多、越复杂，系统出错的可能性就越大，概率也就越大，也就是说，系统的复杂性影响着系统的可靠性程度。如果说数学、物理领域的可靠性研究更多是侧重研究的话，那么可靠性理论终将走向工程领域。不管是数学还是物理，都要应用于人类工程的开发、建设与应用。从古至今，人类工程越来越复杂，它是一个工程系统，包含着成千上万个系统组成部分。其实从古代开始，工人们对于古代器械、建筑桥梁等工程就已经讲究它们的有效性了。至于可靠性概念的首次提出，众说纷纭，总体来说，可靠性基本是起源于 20 世纪 20 年代，形成于 30 年代，发展于 40—50 年代，航空、电子等产品设备、系统的可靠性研究与应用进入军事、商业领域，随后，可靠性的研究与应用依然没有停止过，它的应用范围越来越广泛，逐步拓展到电子、航空、航天、机械、化工、自动化等领域，我国也是在该理论的发展阶段将其引入进而应用。如今，"可靠性理论与工程应用技术"还是自动化专业必修的一门重要学科基础课。

简而言之，系统或产品、设备的可靠性就是系统或产品、设备在规定的条件下，在规定的时间内，完成规定功能的能力。提高系统或产品、设备的可靠性，一方面可以面对系统或产品、设备日益复杂化的现实问题，从而必须面对处理的问题；另一方面是防止系统或产品、设备的故障和事故发生，故障和事故避免或者减少了，就能获得应有的作用与目标，在军事领域提高战斗力，在民用领域提高社会价值，在商业领域提高经济效益。20 世纪 60 年代，可靠性理论在广泛应用在技术领域的同时，逐步形成了一门实践性学科——可靠性工程。"可靠性工程是对产品（零部件、元器件、设备、系统等）的失效及其发生的概率进行统计、分析，对产品进行可靠性设计、可靠性预计、可靠性试验、可靠性评估、可靠性检验、可靠性控制、可靠性维修及失效分析的一门包含了许多工程技术的交叉性工程学科。"[①] 系统的可靠性贯穿于系统工程的全过程，包含了可靠性数据的收集与分析、可靠性设计、预测、试验、管理、控制和评价。可见，可靠性应用在数据、设计、预测、试验、管理、控制和评价的全周期性，凸显了可靠性的重要意义。

（二）本质安全

较之可靠性理论，本质安全的提出时间较晚，20 世纪 90 年代。1994 年开始，美国化工过程安全中心（CCPS）在提出设计阶段就考虑

---

① 王守国. 电子元器件的可靠性 [M]. 北京：机械工业出版社，2014：13.

安全因素之后，出台了《化工工艺安全管理导则》《过程安全管理实施指南》，对设计、建造、试车、操作、维修、变更和停车等不同阶段进行指导，随后，CCPS 持续关注化工生产的本质安全管理过程。1997年，《本质安全的化工生产：生命周期方法》（Inherently Safer Chemical Process: A Life Cycle Approach）一书问世。[①] 2010 年，A. M. 海基尔（A. M. Heikkil）提出，本质安全是指在化工和制造业中，通过设计等手段使生产设备或生产系统本身具有安全性，即使在误操作或发生故障的情况下也不会造成事故的功能。[②] 这一概念得到了普遍认同。国内对于"本质安全"的引入是在 20 世纪 90 年代，《爆炸性气体环境用电气设备通用要求》（GB 3836.1—2000）对本质安全进行了明确。随着我国对本质安全研究与应用的不断发展，本质安全的应用也由原始领域扩展到诸多领域，如机械、化工、煤炭、燃气、交通、企业管理等，为共同致力于内在安全发挥着重要作用。

如前所述，将人、机、环境、管理在内的系统表现出的安全性能，通过优化资源配置和提高其完整性使整个系统安全可靠，即狭义上的本质安全。"本质安全"一词源于标准定义。按照本质安全原先的定义，它针对生产设备或生产系统本身，采用的设计、制造、管理等手段使生产设备或生产系统的安全性能够得到保证，即使在误操作或发生故障的情况下也不会造成事故。如今，将本质安全应用到各个领域之后，对本质安全的定义更显得广泛，因此，对于本质安全可以这么界定：本质安全是在某个领域内，对于人、物、环境、管理等各个要素的安全可靠、和谐统一，使各种危害因素始终处于受控制状态，进而逐步趋近本质型、恒久型安全的目标。上述是广义上的本质安全定义。其实，不难发

---

① BOLLINGER R E, CLARK D G, DOWELL R M, III, et al. Inherently Safer Chemical Processes: A Life Cycle Approach [M]. New York: Wiley-AIChE, 1997.
② MARI H A, YNGVE M, MINNAET N, et al. Challenges in risk management in multi: company industrial parks [J]. Safety Science, 2010, 48 (4): 430-435.

现，本质安全是针对传统的危险防控手段提出的，传统的防控措施是事后的被动型防控，而本质安全主要侧重于事先预防，将防控的时间点提前，从而防止事故的发生。也可以说，本质安全是传统安全管理理念的提升，表现为对事故由被动接受到积极预防，以实现从源头上杜绝事故。本质安全，就是追求人、物、环境、管理等要素的安全。相对于"外在安全"，本质安全是一种"内在安全"。

本质安全与可靠性是两种不同的概念，不可等同。至今，不少人还存在将本质安全与可靠性等同的观点，混淆了两者的起源、发展历史及基本概念等。理论，是对自然、社会现象，按照已知的知识或者认知，通过概念—判断—推理等思维类型，论题—论据—论证的逻辑推导，从而形成的系统性总结。可靠性基础理论是指标论证、设计分析、试验验证等各项可靠性工程技术的根本依据和理论支撑，它已经形成了一种系统的理论。理念是理性化的观点、见解，是一种理性思维活动模式，目前，虽然本质安全被应用到了很多行业领域，但是对于本质安全的研究还未形成一种逻辑性、体系性的理论体系。因此，本质安全可以说是一种理念，我们使用"本质安全理念"而非"本质安全理论"。可靠性理论虽然与本质安全理念有很多相似之处，在应用领域也存在交叉重叠，从某种程度上讲，可靠性高的系统，其安全性通常也较高；反之，许多事故之所以发生，就是由系统可靠性低引起的，可靠性理论可以说是本质安全理念的"前身"，然而，两者的差别依然明显。可靠性理论是基于概率、数理统计等，从设计到评价等过程的全周期式应用方式；本质安全理念是人、物、环境、管理等各要素的安全可靠及其关系。可靠性理论从研究"故障"到研究"性能和功能的保持"，可靠性理论侧重的是质量、性能；本质安全理念虽然也是基于系统的质量性，但其根本目标是减少事故，与安全挂钩，关注安全，侧重于安全防范。

（三）安全本质化

除了"本质安全"表述之外，还可以使用"安全本质化"，就意思方面来讲，本质安全与安全本质化属于同种意思，安全本质化是本质性安全的另一种表达。不过，本质安全与安全本质化在使用的方式上略有不同，两者虽然只有一字之差，但是"安全本质化"与"本质安全"存在文字顺序差别，"安全本质化"本身对"本质安全"进行了自然延伸，注入了"研究""管理"的环节，突出了人的主动性与行使动作的过程，"本质安全"是名词的表达，"安全本质化"是动词的表达，强调了驱动力。

值得一提的是，还有一个词是"本质安全化"，为体现用语的科学性与规范性，在这里有必要一并加以区分，较之"本质安全化"，"安全本质化"在本质安全领域的使用更科学、规范。"安全本质化"是以安全作为目标，通过一系列实质性的方式方法，即实施事务的本质去实现安全，从而实现安全本质化，创造本质安全型领域。此外，从汉语语法研究来看，"'安全本质化'中，主语是'安全'，谓语是'本质化'，它符合主谓结构，其含义是安全要治本、治根。而'本质安全化'，主语即'本质'，谓语则是'安全化'，主谓倒置，况且单就'本质'而言，无所谓安全或不安全"①。因此，我们可以说"本质安全""安全本质化"，应用到消防管理领域，就是"消防管理的本质安全""消防管理安全本质化"。或许，有人提出可以使用"消防的本质安全"或者"消防本质安全"，这样对简述表达来说没有什么问题，但是这两个用词未免太大、过于笼统了，如果要进行具体理解与实际应用，还得把它细分出来，否则，不便于理解与实际应用，比如，细分为"消防设计的本质安全""消防管理的本质安全"等。

与本质安全一样，安全本质化同样是一个综合性的概念，安全本质化代表着本质安全理念应用于某一领域，主动性地促使人、物、系统、

---

① 商钧，余博泉，刘潜，等. 安全本质化与本质安全化概念初探［J］. 中国安全科学学报，1992（2）：63-64.

管理等要素达到真正意义上的安全目标，并且要维持持久性的安全状态，在这一过程当中，绝对不能忽视人、物、环境、管理等这些要素的相互关系，同时要通过某种关系，使得人、物、环境、管理等要素之间存在潜在的影响，而这些影响都是致力于实现真正意义上的安全与维持持久性安全的作用。因此，本质安全也好，安全本质化也罢，如果摒弃人、物、环境、管理等要素之间的相互作用，本质安全、安全本质化就是各个要素的杂糅，各要素之间并不能形成统一的关系，更不用说发挥潜在的影响作用了，最终，导致不是本质安全、安全本质化的结果，这并不是本质安全的实质，也就是说，否认或摒弃的做法与简单强化各要素作用的做法并无二致，甚至会陷入包罗万象、面面俱到的迷潭。

如前所述，安全本质化本身是一个动态过程，而且是持续性的动作行使过程。安全本质化对所在领域相关的人、物、环境、管理等要素进行影响、控制，同时也是对要素组成部分进行控制，如果人、物、环境、管理要素中某一部位或环节出了差错，就必须纠正，通过事先设计进行纠正或者当下进行纠正。在现代社会，所有行业领域的安全都必须依靠管理或治理[①]，从把人作为第一人称的视角看安全本质化，安全本质化实质上就属于管理或治理的范畴，它与管理或治理相结合最合适不过。管理或治理对象的"标"与"本"的问题是老生常谈，也是难题所在。治标或许容易，治本通常难，治标不治本，问题根源不能彻底解决，最重要的是治本。而安全本质化具有标本兼治的特性：一方面，安全本质化的目标是达到真正意义上的安全，维持持久性的安全状态；另一方面，安全本质化以自身设计的安全防范措施和各要素之间的相互作用，针对处在苗头的问题隐患进行解决，杜绝事故，实质性地达到治标又治本。

---

① 管理与治理在含义上存在不同，管理侧重于管；治理具有多元化特征，侧重于共治，属于多元治理。

二、消防管理引入本质安全理念的考量

（一）治标漏本的消防管理传统做法

此处之所以采用消防管理，而没有采用消防安全管理，是因为本书对于消防管理的定义包括政府对于消防工作的宏观管理，除此之外，还包括职能部门的消防监督检查（主要是指消防救援部门），政府行业部门行业系统内的消防监督管理，及社会单位企业内部的消防安全管理。因此，我们采用的是在含义上更具涵括性的消防管理概念，而不仅仅是消防安全管理或消防监督管理。概而括之，消防管理指的是在消防行业领域，消防管理主体通过特定方式方法对消防管理对象实施影响、控制或者共同协作的行为，其目的是实现消防安全，维持消防安全形势的稳定。无论是针对社会单位企业内部而言的内在因素，还是针对政府、职能部门、行业部门的消防管理来说的外在因素，消防管理最终都是朝着安全性这一终极目标。政府对于消防工作的宏观管理是消防工作职能的体现，是为保障与发展消防事业，为经济社会发展提供安全的发展环境，为社会民生创造良好的消防安全环境；消防救援部门的消防监督管理是针对社会面的消防安全监督、检查、指导与执法，维护辖区的消防安全形势稳定；政府行业部门的消防管理是在本身特定行业系统内，按照"管行业必须管安全、管业务必须管安全、管生产必须管安全"的要求实施行政职责；社会单位企业内部的消防安全管理是落实消防安全主体责任的具体要求。

消防改革转隶前，其特有的体制机制催生与发展了其特有的火灾防控模式，改革之后，随着国家治理体系与治理能力现代化的推进，作为消防工作职能部门的消防救援部门，对火灾的防控亟须转入现代化治理理念的轨道上来。如果采取高压态势下的严防死守做法，偏向于行政主动性而忽视了消防责任主体及人民群众的主观能动性，就只能称为

"高压态势下的暂时性稳定",是一种表面上的稳定,事实证明,只治"标"而不治"本",照此发展,消防安全管理方式不适应现代化治理体系与能力需要、消防安全硬件条件难以匹配城镇化发展战略要求、全民消防安全素质跟不上新时代发展步伐的矛盾将不能从根本上解决,消防安全也就得不到实质性保障。

长期以来,传统的"集中式、运动式"的突击行动,集中消除整改了一批批火灾隐患、处理了一个个违法行为,在一定程度上提高了责任主体消防安全意识,取得了一定的火灾防控成效。但是,从一个完善的专项整治行动来看,需要立足于对现实情况进行全领域、全方位的充分调研,调研工作是充分的,甚至需要耗时很长,在此基础上,提出切实可行的整治方案。整治方案也需经过反复推敲,最终形成最科学合理的包括整治主体、对象范围、整治期限、整治内容、预期效果等一系列要素的综合体。如果不能做到这一点,集中式、运动式的传统做法的效果就会大打折扣,虽然可能在短期内取得一定成效,但是从长远来看,整治对象及内容会死灰复燃,当然,这与后期常态化制度的形成与运行有关。消防救援队伍改革转隶后,踏上了持续深化消防执法改革、创新社会消防治理之路,不断朝着消防治理体系和能力现代化迈进。风险社会中,火灾风险将长期存在,同时,社会面火灾形势依然复杂严峻,处于新形势下的消防管理将面临前所未有的挑战,如何做到治"标"更治"本",从而实现消防安全形势持久性稳定状态,是新时期消防管理人员所面临与亟待思考解决的根本性问题。

(二)消防管理引入本质安全理念的必要性

在消防管理领域,引入本质安全理念具有必要性,具体体现在以下几个方面。

第一,将本质安全理念应用在消防管理领域,有助于推进国家治理体系和治理能力现代化。党的十八届三中全会首次提出"推进国家治理体系和治理能力现代化"这个重大命题，并把"完善和发展中国特色社会主义制度、推进国家治理体系和治理能力现代化"确定为全面深化改革的总目标。推进国家治理体系和治理能力现代化，就是要适应时代变化，既改革不适应实践发展要求的体制机制、法律法规，又不断构建新的体制机制、法律法规，使各方面制度更加科学、更加完善，实现党、国家、社会各项事务治理制度化、规范化、程序化。国家治理体系和治理能力现代化建设涉及国家治理、社会治理的方方面面。而消防安全渗透到社会生产生活的各个角落，在消防管理领域，通过本质安全理念的指导应用，来改变传统的不适应时代发展要求的管理方式，使消防管理走向科学化、制度化、现代化，这是国家治理体系和治理能力现代化的内在要义。

第二，将本质安全理念应用在消防管理领域能够在统筹发展与安全中保障人民的切身利益。党的十八大以来，习近平总书记从时代和全局的高度，提出并深刻论述了总体国家安全观，开拓了马克思主义安全观的新境界。在社会安全领域，党中央强调要切实落实保安全、护稳定各项措施，不断增加人民群众获得感、幸福感、安全感。党的十九届五中全会把安全问题提到前所未有的高度，强调要处理好发展和安全的关系，有效防范和应对可能影响现代化进程的系统性风险。众所周知，消防安全涉及社会所有群体，关乎人们的生命财产安全，与人民的切身利益息息相关。如何提高人民群众的安全感，让人民的生命财产安全切实得到保障，是每个消防管理主体需要关注与深思的问题。本质安全理念在消防管理领域的应用，就是要实现真正意义上的安全目标，朝着持久性的安全状态维持，为国家与社会发展创造良好的消防安全环境，切实保障人民群众的生命财产安全。

第三，将本质安全理念应用在消防管理领域是应对火灾风险的现实需要。强化底线思维，从纷繁复杂的风险矛盾中找到规律，做到有备无患，防范重大安全风险是新时代中国特色社会主义思想对马克思主义基本原理的创新发展。当今世界正经历百年未有之大变局,不稳定性、不确定性明显增加,当前和今后一个时期,我国发展仍然处于重要战略机遇期,但机遇和挑战都有新的发展变化。随着国家城镇化战略的实施与不断推进,城镇制造业、仓储业、服务业迅猛发展,大型城市经济综合体、高层地下建筑、人员密集场所逐年递增,"城中村""三合一"场所大量存在,出租屋形态多样、发展迅猛,传统与非传统消防安全风险致因因素交织。当前形势依然复杂严峻,面对风险社会中的火灾风险,要做到治"标"更治"本",实现消防安全形势持久性稳定状态。面对不断变化发展的新行业新业态,要探索适应时代发展的消防管理模式,以不变应万变,而本质安全理念的引入就成了消防管理领域的一条路径。

（三）消防管理引入本质安全理念的可行性

消防管理引入本质安全理念具有可行性,我们可以从以下几个方面进行分析。

首先,本质安全理念内含的各个要素与消防管理领域具有共性。消防安全属于大安全范畴,是社会安全的一部分,当然,消防安全不仅仅体现在安全生产领域,还体现在生活安全的方方面面,简单地说,与人和物有关的都可能涉及消防安全。消防管理包含了人、物、管理等要素,通过对消防管理领域进行剖析,不难发现,与本质安全理念中具有的人、物、环境、管理四要素一样,消防管理领域同样涉及上述四个要素。在消防管理领域,"人"的要素包括消防管理主体与消防管理对象两个要素,其中,消防管理主体要形成一种消防管理模式,而不仅仅有消防安全管理的内涵,消防管理模式有着更具体的内容,这将在下文中进行详细论述;"物"的要素为消防硬件条件（如果是狭义上的本质安全,则包括人、机、环境、管理四个方面,此时就有必要对"机"的含义进行扩大化解释,而不仅仅指机械、电气系统,广义上的本质安全中的"机",则用"物"来涵括);"环境"要素则为建筑环境、企业文化等消防管理环境;至于"管理",消防管理本身自带管理,浑身充满着管理的意味。就是说,我们可将消防管理领域概括为消防管理主体、对象、硬件、环境四个要素。①

其次,本质安全理念在诸多领域的应用将为消防管理提供参照。即便说本质安全存在绝对的本质安全与相对的本质安全,但就其价值而言,是显而易见的,如机械、化工、煤炭、燃气、交通、企业管理等领域,将本质安全理念融于自身行业系统,用本质安全理念指导行业内的相关安全活动,为确保各行业系统内实现本质性安全而统一目标,在实践中取得了较好的效果,并且仍在应用使用中,所以上述行业领域均具有代表性。将本质安全理念引入消防管理领域,构建与注重内在本质安全,强调人、物、环境、管理等要素的交互统一,在消防安全领域是新视野,有利于从宏观与微观两个层面把握消防安全本质化的实现方式,无疑对提升火灾防控效能、实现消防管理安全本质化具有重大意义。

最后,相对于其他领域,消防安全领域涉及面广,具有特定或不特定的主体、对象,维护消防安全形势稳定的消防管理具有其特殊性,消防安全本身就是与安全打交道,以安全为目标,不论是在哪个领域,机械、化工、煤炭、燃气、交通、企业管理等行业,它们本身就存在消防安全事项,因此,消防管理涉及的行业领域相当广泛,每个行业、每个场所的实际情况都不相同。将本质安全理念引入消防管理领域加以应用的同时,我们应根据消防安全领域的特性加以适当拓展,将共性与个性有机融合,在论证本质安全理念的指导内容时,要把握规律性的内容,掌握统一的适用内容,提高本质安全理念在消防管理中的普适性,而在具体诠释的时候,又要根据适用的行业领域及对象做出不同的微调,以

---

① 当然,这里也可以进一步浓缩为"人、物、环境"三大要素,但为了便于全面地论述要素之间的交互统一关系,将其分为"主体、对象、硬件、环境"更合适。

应对复杂的不断变化的消防系统。

三、一切皆可防可控的本质安全理念

(一) 消防管理安全本质化的内在要义

首先，在消防管理领域，我们采取广义的本质安全概念，主要是基于两方面的考虑。一方面，这是由本质安全理念的发展趋势决定的。本质安全理念从产生至今，已经在众多行业领域得到了应用，早已不是最初狭窄的电子产品的适用范围，它随着时代的发展进行了演变与拓展，适用性变得更强。另一方面，这是基于引入消防管理领域的考虑。消防管理基本适用于所有的行业领域，只要存在能够燃烧、爆炸等可能的场所，就存在消防管理的需要，消防管理与其他行业领域相融合，已经发展成包括人、物、环境等要素在内的集合体。此外，对于人、物、环境等要素，还有人对于作用对象的管理要素，必须使上述要素在各自发挥作用的同时，让他们之间相互发生作用，才能达到安全本质化的目标。

其次，根据安全本质化的定义，我们主要是对消防管理领域的人、物、环境、管理四个要素进行分析，无论是消防安全研究、消防设计、消防改造还是消防管理，都可以纳入人、物、环境、管理四个要素范围。其中，最重要的是，人、物、环境、管理四个要素之间必须相互作用，四要素在预防火灾事故上彼此弥补，在火灾事故致因因素上相互抑制，如此，每个要素能够安全可靠，每个要素之间能够和谐统一，还存在交互的关系，进而不断趋近本质型、恒久型消防安全的目标，形成实质性、根本性的消防安全。至于人、物、环境、管理要素，我们可以再进一步进行分析概括，将其应用在消防管理领域，在消防管理范畴内概括出最切实、现实又符合消防领域特性的概念，以对应人、物、环境、管理要素，由此，我们产生了消防管理主体、消防管理对象、消防设施设备与消防管理环境四个要素。

本质安全一方面具有静态特征，另一方面具有动态特征。从静态特征来说，本质安全是生产设备或生产系统本身已经处于最强安全性的状态；从动态特征而言，为使生产设备或者生产系统达到和保持实质安全进行的研发、设计、改造和强化管理的过程，称为"安全本质化"。对此，结合广义上的本质安全即安全本质化的概念，同时对消防管理领域的要素之间的作用进行突出强调，可对消防管理安全本质化做出如下定义与界定：

消防管理安全本质化，即为了达到消防实质性安全或者说根本性安全的目标，在消防管理主体、消防管理对象、消防设施设备与消防管理环境四个要素之间进行的消防安全研究、设计、改造和管理，同时让四要素发生互相弥补、互相抑制作用的动态过程。上述为消防管理安全本质化的概念建构。至于消防管理安全本质化的内在要义，实则是通过优化消防管理主体、消防管理对象、消防设施设备与消防管理环境四要素间的资源配置，强调四要素间相互交融、互相协调，达到有机统一，使四要素在火灾致因上互相抑制，在消除隐患上彼此弥补，从而不引发火灾事故或者说不至于酿成大灾，达到消防安全持久性稳定。

（二）消防管理安全本质化的关联理论

消防管理安全本质化是在本质安全理念基础上提出的消防管理领域的本质安全概念，虽然比起理论的描述，本质安全用理念来描述更合适，但是仍然存在着其他的理论与本质安全理念具有关联性，它们对本质安全理念具有启示意义。本质安全关联理论内涵丰富，其主要包括系统可靠性工程理论、"蝴蝶效应"、"青蛙效应"、海恩法则。对此，我们结合消防管理一一进行阐述。

在前文，我们已对系统的可靠性工程理论进行了相关论述。可靠性虽然可以说是本质安全的"前身"，但是结合消防管理领域，我们采用本质安全理念，而不是消防管理的可靠性理论，因为相对于本质安全而言,一方面,可靠性的描述显得过于狭窄,本质安全的范围更广泛;另一方面,由于本质安全与消防管理领域能够结合得更紧密,消防管理本质安全、消防管理安全本质化更贴切,消防管理领域中的人、物、环境、管理要素,可以被概括成人与物两大类要素的结合。至于对人的行为,包括作为与不作为,还有物的安全与不安全状态,从语言表述方面来讲,如果说"物的不可靠",这种表述还说得过去,但如果说"人的不可靠",那么,如此表述就显得比较消极了。因此,在消防管理领域,我们采用本质安全理念,而非消防管理的可靠性理论的表述。即使是这样,也不妨碍我们从可靠性工程理论得到启示,我们要注重消防系统内部每一个环节,管理系统内部每个环节一环扣一环,两个以上环节出现差错,必然导致整体的效能失控,消防安全状态就会变得不稳定,不可靠的环节越多,存在的消防安全风险越大。

"蝴蝶效应",由美国气象学家洛伦兹于1963年提出,蝴蝶效应是指在一个动力系统中,初始条件下微小的变化能带动整个系统长期的、巨大的连锁反应。洛伦兹进行了形象的比喻:今天在东京上空的一只蝴蝶扇动翅膀时,某个时刻可能引起澳大利亚的一场暴雨,这种对初始条件的敏感依赖,在气象预报中被称为"蝴蝶效应"。[①] 蝴蝶效应启示我们,要看到关联性的巨大影响,对整体而言,每个细节都将是造成重大消防安全隐患的潜在因素,同时不能忽略任何一个细节,要重视细节部分对于整体的影响。

19世纪末,美国康奈尔大学曾进行过一次著名的"青蛙实验"。他们将一只青蛙放在煮沸的大锅里,青蛙触电般地立即蹿了出去,并安然落地。后来,人们又把它放在一个装满凉水的大锅里,任其自由游动,再用小火慢慢加热,青蛙虽然可以感觉到外界温度的变化,却因惰性而没有立即往外跳,等后来感到热度难忍时已经来不及了。这就是有名的

---

① 刘铁驹,宋立平. 蝴蝶效应及其应用[J]. 现代物理知识,2006(6):10-12.

"煮蛙效应"或"温水青蛙效应"。"青蛙效应"与危机意识紧密相关，它启示我们要树立危机意识，提高消防安全素质，这里主要是对于"人"或者说是"人的思想"而言的。

海恩法则是德国飞机涡轮机的发明者帕布斯·海恩提出的一个在航空界关于飞行安全的法则。海恩法则指出：每起严重事故的背后，必然有29次轻微事故和300起未遂先兆以及1000起事故隐患。该法则强调两点：一是事故的发生是量的积累结果；二是再好的技术，再完美的规章，在实际操作层面，也无法取代人自身的素质和责任心。海恩法则启示我们，要吸取每一起火灾事故教训，在处理火灾事故本身的同时，还要及时对同类问题的"征兆"和"苗头"进行排查处理，以防止类似问题再度发生，把隐患问题解决在萌芽状态。

上述本质安全相关理论的所有启示最终指向消防管理四个要素，即消防管理主体、消防管理对象、消防设施设备与消防管理环境。我们要注重消防管理每个要素，而不能忽视任何一个要素，并且我们要在每个要素中做到细致入微，将火灾隐患问题解决在前，以不至于酿成大祸。

(三) 一切火灾事故皆可防可控的理念

事故是由隐患发展积累造成的，某个隐患或某一类隐患是造成事故的直接原因，事故的发生是隐患与概率相互作用的结果。既然可以将安全隐患解决在萌芽状态，那么按照本质安全理念，所有的事故都是可防可控的。美国杜邦公司200年来形成的企业安全文化是对本质安全的典型解释，杜邦取得的成就与杜邦的十大安全理念是分不开的。杜邦十大安全理念中的第一理念就是所有的安全事故都是可以避免的。[1] 那么，

---

[1] 董正亮，王方宁，郭启明，等. 杜邦安全文化与企业本质安全 [J]. 安全与环境工程，2008 (1)：78-80.

无论是绝对的安全本质化还是相对的安全本质化①，只要使消防安全状态处于持续性的稳定状态，就是消防管理本质安全化的应有之义。而所有火灾事故都是可防可控的，这就更加坚定了包括消防监督管理执法者、消防安全责任人、消防安全管理人在内的消防安全主体共同致力于火灾防控的信心与决心，从而消除不确定性疑惑，明确与统一火灾防控的目标与重点环节。

一切火灾事故的可防可控，都有赖于本质安全理念在消防管理领域的应用，在于消防管理安全本质化的内在要义。消防管理本质安全化四要素中某一要素缺失，将会对整个消防安全造成巨大影响，因此，在分析消防安全问题时，要考虑四要素与消防安全整体的相互影响，而不能仅仅分析某一或某些要素；消防管理主体的不到位及管理模式的不科学、消防管理对象的思维陈旧及不安全行为、消防设施设备的不具备及不稳定、消防管理环境的不匹配及文化缺失可以是火灾事故的某一致因或共同致因。从根本上做好火灾防控就是要求消防管理主体履职到位及形成科学的消防管理模式，更新消防管理对象的思维方式及防止其不安全行为，消除消防设施设备的不具备及不稳定状态，营造良好的消防管理环境，达到管理主体、对象、设施设备与环境的有机结合、和谐统一，从而避免火灾事故发生。

一切火灾事故都是可防可控的，与火灾风险的不可避免是不一样的。

一方面，两者存在根本区别。我们也无法让全社会的火灾风险化归零，在某种程度上，火灾风险是不可避免的，因为火灾风险指向的是一

---

① 绝对的安全本质化是理想状态下的安全状态，在所有符合安全本身的环境中，即达到绝对的安全，意味着100%的安全性；而相对的安全本质化则是处于动态情境下的安全，这是由于构成安全的各种要素在相互作用的情况下，通过互补作用来保持始终安全的状态，相对的安全本质化也是在风险社会下对安全本质化的一种特定理解。

种不确定性,这种不确定性是客观存在的,不以人的意志为转移。而对于火灾事故而言,火灾事故是因火灾造成的人员伤亡或者直接经济损失,它指向的是一种客观现实状态,我们完全可以通过准备与预防来防范火灾事故的发生,控制火灾事故发生的程度和导致的结果。因此,一切火灾事故都是可防可控的。

另一方面,火灾事故的可防可控与火灾风险的不可避免性并不矛盾。在风险社会中,从火灾风险的构成要素方面分析,火灾事故与火灾损失是构成火灾风险的必备要素,火灾风险本身是一种不确定性,不确定意义上的火灾风险致因因素、火灾事故、火灾损失、火灾不确定共同构成了不确定的火灾风险。至于说人类可以通过在火灾风险的构成要素上进行防范、化解,是针对具体到某一个火灾风险的发生概率而言的,也就是尽全力将火灾风险的概率降为零,但这不是针对不确定性的化解。在火灾事故的防控上,火灾事故防范有效,就杜绝了火灾事故;火灾事故控制有效,就减少了人员伤亡与财产损失。火灾事故的可防可控与火灾风险的不可避免性是两种不同指向的不同理念,有各自的指导意义。"一切火灾事故都是可防可控的"应当上升为一种理念,这种理念的意义很大,是消防管理安全本质化的立足点。

第二节 消防管理安全本质化的四要素

一、消防管理主体的安全本质化

(一) 消防管理模式

模式(model),根据《说文解字》的解释,模:"法也。从木莫声。读若嫫母之嫫。"式:"法也。从工弋声。"模与式都有"法"的意味，简而言之，指向方式、方法。汉语词典中，模式是指事物的标准样式。《中国大百科全书》（第三版网络版）对模式的解释归类至计算机科学技术领域，指数据库中全体数据的逻辑结构和特征的描述，反映了数据内在结构与数据间的关系。模式是主体行为的一般方式，具有通用性、稳定性、结构性的特点。通用性表现在适用的一般性、重复性、可操作性，如民主模式、经济模式等，而管理模式就是其中之一。之所以具有结构性的特点，是因为模式是结构主义用语，指用来说明事物结构的主观理性形式。模式是理论和实践的中介环节，"模式既不等同于实践，也不等同于理论，但与实践、理论均有紧密联系。以实践上升为理论，或用理论指导实践"。①

在社会学中，模式是研究自然现象或社会现象的理论图式和解释方案，同时是一种思想体系和思维方式；在法学领域，法学界并未对模式进行统一定义和界定，但在领域内使用的频率不低，如法律发展模式、行为模式、执法模式等。在管理学领域，消防管理模式可以理解为，在消防领域内，具备消防管理职能或责任的管理主体依法行使管理权力或落实消防安全责任的一系列方式方法或方案的总称。

如前所述，消防管理分为政府宏观管理、职能部门监督检查、行业系统管理与社会单位企业内部的消防安全管理。那么，消防管理模式对应上述四种类型的消防管理模式，分别是各级政府的消防管理模式、消防救援部门的消防监督管理模式，教育、民政、文体旅游、卫生健康、宗教、文物等重点行业部门的消防管理模式，社会单位、企业的消防安全管理模式。以本质安全理念考查消防管理，消防管理的科学，直接关系到社会消防安全的稳定状态。传统意义上的"问题发生型"消防管理已经不适应时代的发展要求，既达不到我们应对火灾风险的要求，也不符合防控火灾事故的规律，消防管理应当逐渐转向"问题发现型"

---

① 查有梁. 什么是模式论？[J]. 社会科学研究，1994（2）：89-92.

管理，这才是现代式的消防管理。对社会消防安全管理而言，最担心的，莫过于社会单位、企业消防安全管理制度机制不完善、消防安全管理措施缺失、存在漏洞，与场所的火灾防控需求不适应，直接产生火灾事故的可能；对社会面的消防监督管理而言，最忌讳的，莫过于对社会面存在监督管理真空、消防监督管理不善。作为消防监督执法的主体监管不力、执法程序不规范，随意执法、选择性执法等不良现象存在，既损害公信力又威胁整个社会的消防安全。

（二）迈向科学性的消防管理模式

我国实行的是中央集权的行政管理体制，上级职能部门对下级职能部门一般为领导关系或指导关系。每个政府职能部门都有属于本部门的职权与职责。随着中央和国家机关机构不断深化改革，对职能部门的划分将变得更加科学合理，以适应现代化的发展要求，形成科学合理的组织架构和职能体系。尽管每一次机构改革都趋于完善，但是随着新形势、新情况的出现，难免会出现新的挑战，这就对行政职能部门的职权行使构成挑战，出现的新事物、新现象可能会游离于法律边缘，因而造成监管漏洞。现实中的做法通常是在引起相应的关注之后，通过职能部门之间的协调、协作等，通过文件等形式予以明确，或者再由上级或当地政府予以明确，或者在时机、实践成熟之后通过立法的形式予以明确解决。

在消防管理领域，这种例子不少，因为消防涉及几乎所有行业领域，而每个行业领域又分属不同的职能部门监管，在出现新事物、新现象的情况下，即使采用兜底原则或者职能最接近原则，也难免会出现难以解决的问题。这就需要行政职能部门在担当作为、敢挑重担上进行科学合理分析，避免陷入"部门自利性"与"大包大揽"的误区。

有怎么样的消防管理模式，就会产生怎么样的管理效果，最终，消防管理模式直接影响到消防安全形势稳定的持久，消防安全实质的安全。在全面深化"放管服"改革的大背景下，科学的消防管理模式成为现实需要。消防主管由原来的公安部门转变为应急管理部门，服务程序以及监督指导原则均会随之发生变化，保姆式严防死守的消防监管模式，会向指导性和辅助性的管理模式转变。社会单位在保障和建设自身消防安全体系上具有更大的自主性和自由度，而政府也需要加强监督监管的方式和手段。① 当然，"放"与"管"是并行的，"放"不是放责也不是放任，"管"是政府必须履行的职责，都是要提升事中事后监管效率与效果。其实，"模式"本身是科学的方式方法或方案，具有通用性、稳定性、重复性与可操作性，不科学的消防管理方式方法就不能称为模式。消防管理模式安全本质化即科学的消防管理模式，要求消防管理的每个主体各司其职、协调配合，表现为政府科学统一领导、消防监督管理部门监管有力、行业主管部门系统内履职到位、社会单位主体落实消防安全责任，每个管理主体的消防管理安全本质化都是构成消防安全形势稳定的链条。

（三）建立全方位的消防责任体系

消防管理主体是行使（履行）管理职权、职责、责任或义务的行为主体，对政府及其行政管理部门而言，行使的是消防管理的职权与职责；对社会单位企业而言，行使（履行）的是消防安全管理的职责或义务；对人民群众而言，行使（履行）的是义务。②

一方面，消防管理主体不仅仅是消防救援部门的监督管理，它还要与政府对消防工作的宏观管理、行业主管部门的行业管理、社会单位企业内部的消防安全管理，以及人民群众的群防群治共同构成一个系统性

---

① 杜玉龙，邓慨廉，毛星，等. 构建高可靠性的组织消防体系策略研究［J］. 消防科学与技术，2018（9）：1271-1274.
② 《中华人民共和国消防法》（以下简称《消防法》）第五条规定："任何单位和个人都有维护消防安全、保护消防设施、预防火灾、报告火警的义务。任何单位和成年人都有参加有组织的灭火工作的义务。"

的整体。"由于缺乏有效系统集成技术，虽然能够找到事故源头，但仍然缺乏对事故成因的整体认识，最终导致'只见树木，不见森林'。"①在消防领域，关联性、系统性原则也恰好能够给火灾原因调查的逆向推演与火灾事故的责任追究提供依据。

另一方面，强调消防管理主体的安全本质化，必须切实转变不科学的消防管理思维方式。不少群众认为社会上的火灾事故的发生是必然的，甚至不少基层消防监督管理人员同样持此观点，抱有"一半看工作，一半看运气"的侥幸心理，这是极其危险的。这些人员并没有弄清楚风险社会中的火灾风险与火灾事故的可防可控的区别。按照本质安全理念，所有安全事故都是可以预防和避免的，火灾事故也不例外。因此，应当树立"一切火灾事故皆可防可控"的消防管理观，克服不良情绪，居安思危，消除火灾隐患，杜绝火灾事故，避免"视而不见、见而不改"的现象，纠正"督不督、改不改一个样"的思维。

强调消防管理主体的安全本质化，除了消防管理主体在各自职能范围内各司其职、协调配合做好消防管理之外，重点还是要建立全员共防共治的消防安全责任体系。通过"自上而下"，建立全方位、多层次的消防安全责任体系，确保全员参与、责任到人，因为火灾事故防控依靠职能部门的单枪匹马作战是远远不够的。《消防法》自1998年修订至今，对于消防工作的方针及其建立健全社会化的消防工作网络的条文始终存在："消防工作贯彻预防为主、防消结合的方针，按照政府统一领导、部门依法监管、单位全面负责、公民积极参与的原则，实行消防安全责任制，建立健全社会化的消防工作网络。"

恰逢其时，2021年6月10日，全国人大常委会通过了《关于修改〈中华人民共和国安全生产法〉的决定》，该决定于2021年9月1日起

---

① 许正权，宋学锋，吴志刚. 本质安全管理理论基础：本质安全的诠释［J］. 煤矿安全，2007（9）：75-78.

施行。新安全生产法着眼于安全生产现实问题和发展要求，补充完善了相关法律制度规定，明确要求建立生产经营单位负责、职工参与、政府监管、行业自律、社会监督的机制，进一步明确了各方安全生产职责。虽然存在特别法优于一般法的适用原则，但新安全生产法在强化生产经营单位的主体责任的同时，进一步强化了政府的监管责任。落实全员共防共治的消防安全责任体系是消防管理模式的趋势所在，最终，要建立完善政府科学统一领导、消防监督管理部门监管有力、行业主管部门系统内履职到位、社会单位主体责任落实、全民共防共治的消防安全责任体系。

二、消防管理对象的安全本质化

（一）消防管理对象

前述消防管理主体的安全本质化，其实也就是消防管理模式中消防管理主体作为管理行动主角的本质安全管理过程。"消防管理主体"要素内容主要囊括在消防管理模式中。之所以将消防管理对象单列出来作为消防管理安全本质化中的一个要素，是因为消防管理对象与消防管理主体一样，在消防管理领域中，它处于十分重要的地位。消防管理主体与消防管理对象都指向"人"，而对于"物"这一"对象"则将其归类于消防设施设备要素范畴中讨论。在本质安全理念中，人的本质安全相对于物、系统、管理等方面的本质安全而言，具有先决性、引导性、基础性作用。消防管理对象，是相对于主体而言的定义，是指消防管理领域管理主体要管理的人，也就是被管理的对象。对此，我们可以从以下两个方面进行理解。

一方面，消防管理对象与消防管理主体具有相对性。消防管理主体是具备消防管理职能或责任的管理方，他通过依法行使管理职权、履行职责或义务开展实施消防管理活动，按照共防共治的理念，要进行广义上的理解，可以说所有"人"的主体都是消防管理主体。而消防管理对象是被管理主体，它是消防管理主体管理的对象。如相对于消防监督管理职能部门来说，社会单位、社会企业就是消防管理对象；相对于行业系统主管部门来说，行业系统单位企业也是行业主管部门的消防管理对象；相对于社会单位企业来说，其职工、员工和管辖范围内的人群就是消防管理对象，如对于社区、镇村、工厂企业、城市商业综合体来说，社区居民、村民、工厂员工、商业综合体商户、顾客等，就属于消防安全领域的被管理对象。

另一方面，消防管理对象与消防管理主体存在交叉融合。消防管理对象或许同时就是消防管理主体，这体现在不同的换位角度。比如，在酒店消防管理中，消防安全责任人是政府部门消防监督管理人员的管理对象，但消防安全责任人又是酒店的消防管理主体，消防安全管理人、消防安全巡查人员、顾客等是酒店范围内的消防安全管理对象，消防安全巡查人员是消防安全管理人的管理对象，顾客是消防安全巡查人员的管理对象。具有行政隶属关系的人员，主要是上对下进行消防职责、业务方面的管理，包括监督指导等。

（二）实现消防安全观念思维转向

思维是行动的先导，人的思想观念、思维方式直接导致了他的行为做出或者是采取何种行为：发现火灾隐患，是直接做出整改还是视而不见；面对着火险情，是采取措施阻止火灾发生还是置之不理。由此，直接影响着火灾的发生与否，进而关系到社会消防安全形势的稳定与否。据统计，绝大部分火灾都是生活用火不慎、违反电气安装使用规定、违章操作、吸烟、玩火和放火等人为因素引起的。"2009年起，电气首次超过用火不慎，成为我国亡人火灾的首要原因。居民用火不慎是引发火灾的第二大原因。"[①] 因此，消除消防管理对象的不安全因素，成了重

---

① 防患于未"燃"：中国十年火灾大数据警示［EB/OL］.新华网，2022-04-12.

中之重。消防管理对象的安全本质化，要实现消防安全思维方式的转向，从陈旧的消防安全观念转到理性的消防安全思维上来。

一方面，实现消防管理对象的安全本质化，要改变陈旧的消防安全思维方式。与消防管理主体一样，陈旧的消防安全思维方式在消防管理对象中同样存在，他们对消防安全管理或者被管理，存在一个很大的通病——侥幸心理，但是消防安全容不得半点马虎，侥幸心理万万使不得。不少管理人员、群众分不清场所的火灾风险、火灾隐患，缺失一切火灾事故皆可防可控理念，在思维观念上，消防安全意识未真正深入人心。部分消防管理对象对被管理附带情绪，不愿意被管，不接受规则约束、规范制约，部分企业员工认为消防安全管理事项是纯属消防管理部门、物业管理部门的事务，只关系到消防安全责任人、消防安全管理人、消防管理巡查人员的责任，与己无关，甚至在深耕自己一亩三分地的同时，以收益、方便等为先，抛弃了消防安全。消防管理对象观念与思维方式的良性转变，实现基数越大，就越无限趋近于安全本质化。

另一方面，实现消防管理对象的安全本质化，要转变企业的消防安全投入观。认识到每个企业的性质、规模、经验状况不一致，从而分行业进行标准化建设是比较合理的，这也是当前采取的做法。作为社会单位企业，尤其是从事生产经营的企业，要转变消防安全投入观。众多生产经营企业专注于生产经营（发展建设）而不愿将时间、资金投入消防安全建设，为消防安全提供保障，这是不明智的，一旦发生火灾事故，企业就会得不偿失。社会单位及其场所是防火工作的第一主体和前沿阵地，对于社会的消防安全"体征"有着最直观、最真切的认识。通过强化火灾警示教育，让企业负责人转变思想观念，推动企业（单位）由"要我抓"向"我要抓"转变；建立行业、系统消防安全自律机制，发挥行业自律组织的作用，对于约束与规范消防管理对象的行为具有不容忽视的作用；推进火灾公众责任强制保险，利用经济杠杆和市场机制，是消防管理对象落实保障的有力措施，从而推动社会企业合理规划消防安全投入。

（三）优化消防安全教育培训模式

消防管理对象的安全本质化，要实现消防安全教育培训模式的优化。消防安全教育培训的目的，是要让社会上的每个人都具备消防安全基本常识，掌握必备的消防安全知识，安全本质化要求社会民众具备火灾防范的能力，甚至是基本的扑灭初期火灾的能力，查找发现火灾隐患，进行相应处理，在有能力的条件下消除火灾隐患，这样将在全社会筑起一道防火屏障。

社会上的每个人都可能是消防管理对象，他总要进入某些场所，即使是一人居家，他也有消防管理对象，他的消防管理对象就是自己，实现自我管理，防范火灾事故发生。面对特殊情况，自我管理估计比较难，那就需要外在的管理介入，乡镇、村委等通过人性化的管理，总有办法解决火灾可能发生的问题。毕竟，在我国，人民至上，生命至上。本质安全的目标是达到实质上的安全状态、根本上的安全，这离不开全民的消防安全素质，消防安全意识的高低与火灾防范、火灾处置的能力水平，关系着社会面火灾形势的稳定状态，要实现消防管理的安全本质化，就要通过不断提高全民的消防安全素质，以无限趋近根本性的安全本质。

优化消防安全教育培训模式，实现管理对象的安全本质化，是一个持续性的、动态化的、实现本质安全的过程。改进消防安全教育培训模式，需要在面向与方式方法上进行优化。在面向上，有三点需要考虑。

第一，拓展消防安全教育培训的实施主体，发挥政府行业系统主管部门、社会单位企业消防管理负责部门、小区物业管理部门等的主体作用。因为基层消防单位直接面对所有的行业、群众教育培训，要将基层消防单位的作用集中于对上述主体的培训指导上。第二，在开展常规宣传教育的同时，要着眼于民众最薄弱的消防安全能力点，聚焦于民众最需要的消防安全知识面，开展"需求侧"消防安全宣传教育工作。第三，聚焦消防知识、消防法制、消防治理、消防文化。对于知识、法制、治理、文化方面的论述，我们将在第四章进行详细论述。在方式方法上，有两点需要考虑：首先，坚守社会共治理念，支持引导民众开展火灾风险隐患排查和治理，实现共建、共治、共享，共同构建"人人有责、人人尽责、人人享有"的社会治理共同体。其次，化繁为简，将消防领域专业性的知识转变为通俗简易的东西，让人民群众易于吸收、乐于接受。比如，火灾逃生必须视现场情况采取不同的逃生自救方法，因而对火灾逃生的教育培训就不能够过于简单化，不能一概而论。

三、消防设施设备的安全本质化

（一）消防设施设备

消防管理的安全本质化，消防管理主体与对象是作为"人"的范畴，而作为"物"的范畴就体现在消防设施设备上，提及消防设施设备，有必要将消防设施、消防设备、消防器材、消防装备、消防装置的含义捋一捋。消防设施可以理解为因预防火灾与灭火逃生需要而建立的一套系统，包括消火栓系统、自动报警系统、自动喷淋系统、防排烟系统、防火门系统、应急照明系统。消防设施是有组织的，可以构成一个完整运行的功能体系，它可以是硬件设施与软件设施的结合。消防设备比较具体，可以理解为具有特定的实物形态与特定使用功能的一台（一套）装置，如水泵、气压罐、发电机等。消防设备比消防设施范围窄，消防设施中往往包含消防设备。消防装置是实现某一功能的物件及其组件，可以是一个工具或者一个设备的一部分。消防器材是指专门用于防火、灭火和防护、避难、逃生的器具、材料，如手提式灭火器、灭火毯、防烟面罩、缓降器等。消防设施通常是固定的，但消防器材通常可以移动。消防装备比较容易识别，通常用来表述消防救援部门用于灭火救援用的各种防护装备和特种装备。

其实，从《消防法》第十六条、第二十八条及第六十条的条文表述来看，对消防设施与消防器材做了区分，只不过在实践中，消防监督执法人员在行使执法权、适用法律的时候统一使用法条表述，而没有特地表述具体而已，也就没有很特意地去关注和区分。[①] 相对于消防设施，消防器材更简单，显然没有消防设施的组成复杂。消防器材虽然有涉及安全问题及管理问题，但是主要在于产品质量问题，并不聚焦在消防管理的面上。而消防设施包含消防设备，因此，从"物"的要素角度看，本书认为消防管理安全本质化主要在于消防设施设备。厘清消防设施设备与消防器材等的区别，有助于我们对消防系统中"物"的构件有一个直观的了解。

作为消防安全硬件条件，消防设施设备发挥着不容忽视的作用，其包括公共消防设施与建筑消防设施设备，是火灾防控的关键要素。当人为或非人为因素造成火灾事故时，消防设施设备能够立即发挥作用，从而阻止火灾事故发生或者减小火灾造成的严重程度。消防设施设备系统性与专业性强，对成本投入、操作运转、维护保养等要求较高，不难发现，现实中还存在这些现象：公共消防设施与城乡建设发展不匹配；建筑内应有的消防设施设备配备运转未保持常态化；消防设施设备存在故障，未保持完好有效，甚至设施设备常年失修，形同虚设。消防设施设备的不稳定状态会催生火灾事故、加大火灾事故程度。强调消防设施设备的安全本质化，要对消防硬件条件进行优化，使其具备良好的、具有稳定性的硬件条件。确保消防设施设备的基础作用得以充分发挥是火灾防控有效作用发挥的前提。由此可见硬件条件的重要性。保持消防设施

---

① 如《消防法》第二十八条规定："任何单位、个人不得损坏、挪用或者擅自拆除、停用消防设施、器材，不得埋压、圈占、遮挡消火栓或者占用防火间距，不得占用、堵塞、封闭疏散通道、安全出口、消防车通道。人员密集场所的门窗不得设置影响逃生和灭火救援的障碍物。"

设备的稳定状态,是消防管理设施设备安全性达到实质安全的保证。

(二)消防设施设备的转型发展

如何保持消防设施设备的稳定状态?保持消防设施设备稳定状态,在于消防设施设备的内在稳定,消防设施设备处于完好有效的状态。消防设施设备从设计、生产到投入使用,有一个论证、评估、反馈的过程,目的在于实现消防设施设备功能最大化。要使消防设施设备保持内在稳定,促进消防设施设备的发展升级,需要从以下三个方面推进。

一是特定应用场景消防设施设备的防控升级。结合火灾防控场所需要,增加备用消防设施设备或联合使用两种以上具有类似作用的消防设施设备,在一种消防设施设备出现故障或不足以抵制火灾危险的时候,备用的消防设施设备启动以发挥作用,或者两种消防设施设备同时发生作用。增加的消防设施设备无疑会增加消防投入成本,但是对于特定的场所,如国家、省、市等重点场所,重点保护对象,企业重点保护的场所等都是消防设施设备系统的应用场景。现实中,有部分企业主体、个体工商户户主,对火灾预防十分重视,自愿加大成本投入,增设消防设施设备,为的是"双保险"。

二是促进消防设施设备往智能化方向发展。目前的消防设施设备在投入建筑场所使用前就进行了先行设置,基础的消防设施设备在社会上得到了广泛使用,满足了基本需求。随着建筑类型的多样化发展,需要在消防设施设备上进行优化升级,消防设施设备的硬件软件系统的安全本质化是在科技进步基础上的内在安全强化,在火灾预防方面付之于改良手段,改进消防设施设备技术手段,将消防设施设备与物联网、大数据、人工智能结合起来,促使消防设施设备往智能化系统方向发展。

三是推进消防设施设备产学研用深度融合。要以社会需求为导向,实现消防设施设备的产学研一体化,不断推进消防设施设备的技术创新。消防科技产品每年都在出新,如果单纯是专利产品,而不能转化为成果应用,就失去了社会意义。消防设施设备在市场流通,一方面要靠市场的作用;另一方面要对其进行调控,规范市场行为,从消防器材开始到消防设施设备,让大众的、基础性的消防设施设备变成社会普及型的产品,真正让其服务于社会。

(三) 消防设施设备的日常保障

如何保持消防设施设备状态的持续稳定?在前期,建筑内消防设施设备应当说大部分能得到广泛应用、正常运转,但是到后期,问题会接踵而至,或者消防设施设备就荒废在那里,或者消防设施设备在投入使用后,由于巡查检查不善,维护保养缺失、不足等,不能正常运转,不能持续性地保持稳定状态。消防设施设备的安全本质化,应当是消防设施设备处于持续性的稳定状态,在内在稳定的基础上,辅之以外在管理,让稳定状态持续,功能不中断。外在管理,体现在对消防设施设备的日常保障上,主要包括消防设施设备的检查巡查与维护保养,通过这两方面来持续提供保障,发挥消防设施设备的应有功能。

一方面是消防设施设备的检查巡查问题。对消防设施设备的完好有效进行检查巡查是说千道万的要求。要破解现实的问题甚至说是难题,总体的解决思路是:以社会单位企业作为消防安全责任主体为依据,发挥单位、企业的主体管理作用,在单位、企业内部确立完善消防安全管理的责任体系,理顺包括消防设施设备在内的消防安全检查巡查责任,通过具备基础消防知识的消防管理人、消防安全巡查检查人员(对于水泵房、发电机房等专门场所则由专业人员负责),使其对消防设施设备的检查巡查负责,对上逐级负责,对下逐级压实责任,并且应配套相应的内部罚则。消防救援部门监督管理人员对社会单位、企业的消防责任人、消防安全管理人的履职情况进行监督,限于对专业性的消防要求进行监督、管理、指导,而不是在现场替代社会单位企业查找火灾隐患。因此,切实发挥社会单位企业的消防安全主体作用十分重要,而不是停留在口头上，建立完善与落实社会单位企业内部的检查巡查责任体系非常关键。

另一方面是消防设施设备的维护保养难题。对消防设施设备的日常保障，既能在火灾发生之前进行有效防范，又能减小火灾事故的发生概率与火灾事故程度，如处于恶劣环境下的消防设施设备容易遭受损坏，影响功能性发挥，要通过采取相应的防护措施，让功能重启，从而迅速发挥灭火作用。消防设施设备的维护保养是老大难问题。对消防设施设备的维护保养就是要让消防设施设备的稳定状态持续，出现故障的时候能够对其及时维修，使其功能不中断，当然，在维修期间，并非不中断，只是在暂时中断的同时，通过加强管理等措施进行补位。破解消防设施设备的维护保养难题，可以从这些方面入手：明确维护保养职能部门或场所主体，将维护保养制度落实到实现本质上排除设施设备发生故障的可能性，并且在故障发生时第一时间修复；现实中维护保养机构已经在社会面发挥着作用，但是维保不及时、维保记录与现实不对应等问题屡见不鲜，这是由主观方面与客观方面的多种因素造成的。那么，不妨在社会单位企业与维保机构之间的签约合同方面进行规范，发挥合同双方主体的监督制约性。[①] 因此，对维保合同进行规范，让业主方认识到维保机构的责任告知与明晰的重要性，比如，在合同方面更注重明确维保人员维保记录与现实不对应的违约责任等。因为，消防专业性强，社会单位企业在签订合同时，即使是经过法核也可能在技术操作部分内容上"吃亏"，造成维保费用高，消防维保机构维保履职不到位成为普遍现象。当然，市场对维保费用的高低也有影响，这方面仍然有待于市场的发展与规范。

---

① 业主方与维保机构签订的是民事合同，虽然民事合同遵循的是平等、自愿、公平原则，但诚信原则是民事合同原则之一。

四、消防管理环境的安全本质化

（一）消防管理环境

在本质安全理念中，环境主要指作业环境，作业环境的安全本质化力求创造安全的生产外在条件，确保作业安全，这是减少甚至消除安全操作隐患的有效手段，也是创建安全企业的外在条件。在消防管理领域，环境是消防管理主体与消防管理对象的行为、消防设施设备所处的场景；环境是时间与空间的结合体，在这个结合体中，还包括了与消防管理有关的人和物，也就是消防管理主体与管理对象、消防设施设备共同构成了一个组合。安全事故的发生是一定环境条件下的安全失控，无论是作业环境、生活环境还是管理文化环境，通过人、物的相互作用，最终都会导致事故的发生。物质燃烧具备的三个因素是可燃物、助燃物与火源，可以说可燃物处在具有助燃物的环境中，在火源的引发下触发了燃烧，也可以说可燃物刚好在时间点上挪到了有火源的环境中。家中厨房的煤气泄漏，在一定密闭的环境中，形成了一定的浓度，主人回家进门时刚好开灯，发生了爆炸事故。可见，环境的影响不容忽视，环境造就火灾事故发生的条件与张力。

在火灾防控工作实践中，对于消防管理环境的重视程度与关注度显然不及赋予消防管理主体、消防管理对象、消防设施设备的，由此存在不良消防管理环境将导致火灾事故发生的可能，这就要求我们重新审视消防管理环境。消防管理环境是可以感知的，一方面，处于环境中的消防管理主体、消防管理对象与消防设施设备，都属于环境中的成员；另一方面，消防管理主体对消防管理对象的管理，消防管理主体对消防设施设备的管理，表现出一种管理习性，就是长期习惯于某种条件而形成的管理特性，在管理学意义上表现为管理文化。为便于归纳分析，本书将消防管理环境在消防安全领域的界定进行整合，消防管理环境是指外在的自然（或人工）环境与内在的管理对象环境，它关系着火灾事故的发生与否，以及火灾发展的程度。消防管理环境的安全本质化，意味着消防管理环境处于不能触发火灾的状态，环境对火灾的发生起了阻隔作用，意味着消防管理文化上的最佳状态，用文化的力量催促消防管理主体、对象消除火灾隐患，杜绝火灾事故。消防管理环境的安全本质化，有赖于有形消防管理环境的维护与无形消防管理环境的建设。

（二）有形消防管理环境的维护

有形环境是对消防管理环境的第一个划分。所谓有形的消防管理环境，主要指在消防管理过程中，消防管理主体、消防管理对象、消防设施设备或它们三者发生相互作用时，所处的消防安全布局和建筑外部的自然或人工环境，建筑内部的一切关系到消防安全的建筑设计、可燃易燃物品的装修装饰情况，以及火源的种类、性质、位置等状态，均可包含在内。建筑内外部的环境状况直接或间接关系到火灾事故的发生概率与火灾事故程度。符合规范要求的消防平面布置、防火间距、防火分区，不燃、难燃材料的装修装饰与用火、用电、用油、用气的规范布局等，都是消防管理环境对于消防管理安全本质化的原始内容，对此，我们应当更加关注导致火灾发生、发展的直接或重大的环境因素，并采取针对性整改措施，消除环境的不良因素，使环境实现实质安全、根本性安全。

对有形消防管理环境的维护，需要消防管理主体的主动行为。在建筑、场所投入使用时，有形的环境通常是已经形成的，如场所内的平面布置、防火分区，建筑物之间的防火间距，建筑、场所内的疏散通道，装修装饰材料等，关键是对于这些符合要求的消防环境的维持。在建筑、场所使用期间，由于各种各样的因素，功能场所、防火墙改动了，置换或加装了可燃易燃材料、装修装饰材料等，这些都是改变消防管理环境的情况，让良好的消防安全环境变成了不安全的环境。如酒店客房、KTV厢房内加装了可燃易燃材料的软包，住宅小区疏散楼梯堆放杂物占用、堵塞了疏散通道等，造成了消防管理环境的不安全，此时，就需要消防管理主体履行消防安全主体责任，重新营造良好的消防安全环境。当然，在有形的环境中，有我们看不见的物质，或者我们肉眼不可见，但它是真实存在的物质，如空气、粉尘、散发在空气中的可燃气体等，它们同样属于有形环境中的一分子。对于这些不可见的物质，我们同样要采取措施，重新营造良好的消防安全环境。有形环境本质安全，是消防管理环境的安全本质化的内涵，因此，对有形的消防管理环境的关注主要在于维护与营造。

（三）无形消防管理环境的建设

无形消防管理环境是相对于有形环境来说的，主要是指消防安全文化建设。因为，在消防管理主体中，各级政府、消防监督管理主管部门、行业系统主管部门、社会单位企业、社会个人都是管理主体，这些主体在开展实施消防管理行为中，在各自的领域内，会无形地形成一种管理习性，因此，将无形的消防管理环境界定为消防安全文化是比较合适的，对所有主体都适用，如果能在文化上进行研究，确实是一个有益的视角。在消防管理领域，消防设施设备的技术手段保障的是基础层级的消防安全，消防法律法规等规范实现的是较高层级的消防安全，但要实现本质安全，根本的出路还是在于消防安全文化建设，这是最高层级的消防安全形态。消防工作，宣传系于一半，我国的消防安全宣传工作经过长期努力，可以说，在社会上基本形成了消防安全的共识。但是，消防宣传工作任重道远，如何让消防宣传工作提档升级，是每一名消防救援人员要思考的课题。消防安全文化建设是其中一条有效路径，也是最高层次的形态。要实现消防管理环境的安全本质化，就要让百姓将消防安全文化扎根于心。

从社会层面来说，注重与加强消防安全文化建设，大力培育社会成员消防安全价值观，培养社会成员遵守公共消防安全的潜意识，使每个社会成员有一种在消防安全意识的引导下支配个人行为的能力，在潜移默化中加大社会对公共消防安全的约束力，从而提升社会消防管理的整体水平。对社会企业来讲，企业文化是企业的灵魂，企业在市场运转中，每一个企业都有独自的企业文化，安全文化、消防安全文化是其中一个内容，不同的企业企业文化不同，形成的消防安全文化也有所不同，或强或弱，或规则或灵活，各式各样，但目的一致，都是为企业的发展提供安全保障。无形的消防管理环境建设，就是要在所有社会企业中打造符合企业自身的消防安全文化，在社会企业内部，从消防安全责任人到每一名员工，包括企业购买服务的第三方成员，如保洁员、水电工等，都受企业消防安全文化的熏陶，所有人都能够做到自觉行动，自我规范，发现与制止身边的不安全行为，发现、报告与消除身边的火灾隐患。消防安全文化是社会层面的深层次状态，构建深入人心的消防安全文化，使其扎根于心，是减少甚至杜绝火灾事故、保证消防安全的内在条件，是消防管理安全本质化的升华。

第三节 消防管理安全本质化的交互统一

一、系统论视野下的互补性

在现代社会，人们在工作、学习还有生活中，都会用"互补"来解答某些问题。其实，这涉及一个原理，即互补性原理。在量子力学里，互补原理是丹麦物理学家尼尔斯·玻尔于1927年提出的一个基础原理。玻尔率先阐明了互补性的强大力量，他在量子物理的研究中诠释了互补性。在不同的领域，互补原理常被用来解释迥然不同的现象，当然，对于不同的领域，互补原理蕴含的意义不大相同，但互补性已经发展为一种强大的洞见，这一洞见从科学发展到哲学，最终成为全人类知识宝库中的共同财富。"人类同样也被二元性裹挟。我们既渺小又庞大，既转瞬即逝又长盛不衰，既知识渊博又懵懂无知。如果不把互补性牢记在心，你就无法完整地描述人类的状况。"① 在管理学领域，互补优化原理是指在企业管理中，针对每一名员工的优点特长，采用协调与优化的方法，扬长避短，从而形成整体优势，达到组织目标。人无完人，各有所长，而作为群体，则可以通过相互取长补短组合成最佳的结构，更好地发挥团队力量，实现个人不能达到的目标。在实施互补优化原理时，应特别注意协调和优化。

要更好地阐述互补性原理的应用，需要以一个系统论作为描述前提，这就要求我们有系统性思维。如同网络空间社会一样，它与现实世界相互交织、相互融合，网络内容散布是网络空间赖以存在的独有元素，庞杂而具体，如浩瀚星空中的繁星，我们在认识茫茫网络空间时，要将网络空间比作一个巨型系统，用系统性的认知看待网络空间。认识网络系统内各要素间的联系是相互影响、相互作用，彼此制约的关系，有利于我们在处理网络内容这一具体符号过程中，构建与之匹配的各种制度机制。系统可以存在多个，不同的系统之间可以构建关系，同理，消防管理也是一个系统工程。"与借助复杂系统思维重构社会科学认知模式以维护社会知识科学性相对应的，是利用复杂系统方法革新社会科学研究方式以解决社会问题。"② 在消防管理安全本质化实现过程中，用系统性思维理顺每一个管理要素、环节成为必要。实现消防管理安全本质化，就要把消防管理看成一个系统，安全本质化的实现过程，需要消防管理主体、消防管理对象、消防设施设备与消防管理环境的相互作用。

---

① 维尔切克.万物原理[M].柏江竹，高苹，译，北京：中信出版集团，2022：208.
② 殷杰，王亚男.社会科学中复杂系统范式的适用性问题[J].中国社会科学，2016(3)：62-79.

二、消防管理要素的交互统一

消防管理安全本质化的过程,实则是消防管理要素之间的资源配置与协调互补、交融互补,最终达到有机统一的状态,这是消防管理安全本质化的内在要义,也是消防管理本质安全的内核。在讨论消防管理安全本质化的交互统一时,我们需要明确几个问题。

一是消防管理四要素的涵括性。本书把消防管理领域划分为消防管理主体、消防管理对象、消防设施设备与消防管理环境四个要素,从而构成消防管理安全本质化的四个要素,可以说,这四个要素囊括了消防管理的全部环节、内容。如果单单是强调某一方面的要素,那么难免会以偏概全。此外,这四个要素区分界线明显、目标明确,很适合作为我们在消防管理领域的努力方向标的。以这四个要素来探讨如何在消防管理领域获得消防安全的持久性稳定,是可行且适宜的,有待我们在这些要素之间进行构造。

二是对于管理的重要性的凸显。在传统的本质安全理念中,人、机、环境、管理是四个要素,而本书划分的是主体、对象、设施、环境,类似于对应人、机、环境,看似将管理抹去了,但是并非如此,而是将管理融入人与机、人与物中,并非不强调管理的作用,而是强调了人与物之间的相互联系,人与物都离不开管理,这就更凸显了管理的重要性。管理是贯穿始终的,消防管理主体与对象都是人,人要发挥主观能动性,对"对象""设施设备""环境"实施管理。

三是消防管理四要素的基础性。消防管理本身就是一个复杂的庞大的系统,所以要在这个复杂系统中提炼出我们需要的东西,消防管理主体、对象、设施、环境就是最基础的要素。比如,消防设施设备虽然属于特种行业工种要操作的对象,专业性、技术性强,需要经过学习、培训、实操,但是消防设施设备本身高精尖技术含量不高,对消防设施设备的操作来说,重在操作、程序、应急,关键是学懂、弄懂、做实。消防管理四要素是消防管理的基础性要素，体现在消防领域的客观规律对于管理的指导上，比如，在环境方面，老旧住宅电气线路老化存在引发火灾的概率，今冬明春时期取暖设备、夏季空调蚊香的频繁使用，风干物燥时节引发山火的可能性等。

消防管理安全本质化的交互统一应当体现在：消防管理四要素在火灾致因上的互相抑制，在隐患消除中的彼此弥补。在火灾致因上，导致火灾的因素因其他管理要素的影响而被阻断，相当于消防管理要素之间相互约束、控制，防止引起火灾事故。如在城市综合体内，由于是禁烟场所，商铺店员休息时习惯在疏散楼梯间休息吸烟，餐饮场所厨房人员在后厨防火门外的疏散走道上吸烟，商场顾客在洗手间吸烟，现实中存在不少这种现象，而当吸烟人员将烟头随地丢弃时，由于疏散楼梯、疏散走道、洗手间通常不存在易燃可燃物品，烟头自行熄灭，这就是环境的影响阻止了火灾的发生，从而抑制了火灾发生的因素。在火灾隐患消除方面，消防管理四要素同样是相互弥补的。如由于城市规划等历史原因，在某一区域的公共消防设施如市政消防水源还未建设，这时候，消防救援部门、行业系统主管监督部门和企业责任主体就会发挥主观能动性，采用消防水池、天然水源等其他措施填补消防水源的空白；消防救援部门发现企业在生产经营期间采取了不易发现、极容易忽视、专业性强的不安全的行为；企业生产车间，消防安全巡查人员或者其他员工同事，及时发现并制止了某一员工容易引发火灾的行为；火灾发生初期，由于自动报警系统、自动喷淋系统等消防设施发挥作用，自动消除了初期火灾的危险；企业新入职员工，受到企业消防安全文化的熏陶而提高了消防安全素质，于关键时刻发挥了作用；等等。

消防管理主体、消防管理对象、消防设施设备与消防管理环境四个要素，共同在火灾致因抑制、火灾隐患消除上发挥协调、配合的互补作用。协调、配合，意味着消防管理主体、对象根据实际做出调整，致力于实现共同的火灾防范目标。交融互补，意味着消防管理四个要素之间的互相融合，并且是互相的、彼此作用的，如消防管理对象可以转变为消防管理主体，消防管理渗透在主体、对象对消防设施设备与消防管理中等。交互统一，意味着消防管理四个要素不仅仅是彼此互补以共同致力于实现火灾防范的目标，还共同构成一个统一体，最终要实现的是消防管理的根本性安全、实质性安全。消防管理安全本质化的交互统一，就是消防管理要素的交互统一，注重与优化消防管理主体、消防管理对象、消防设施设备与消防管理环境四要素，强调其相互交融、协调互补，达到有机统一，使四要素在火灾致因上互相抑制，在消除隐患上彼此弥补，从而不引发火灾事故或者说不至于酿成大灾，达到消防安全的持久性稳定。

三、消防安全的持久性稳定

消防安全形势的持久性稳定状态，并不是说一刻也没有火灾事故的发生，也不是说在可允许的范围内放任火灾事故的发生。理解并弄懂火灾风险的含义仍然至关重要，在风险社会中，火灾风险始终存在，但是我们依然可以防范、化解风险，在预防火灾事故方面，我们更应当发挥主观能动性，遵循消防工作客观规律，坚持社会化和系统论，通过消防管理四要素的交互统一，实现消防管理安全本质化。消防安全形势的持久性稳定，是一种常态化消防管理的成果，是消防管理四要素互相抑制、彼此弥补的结果。

如前所述，消防管理主体的不到位及管理模式的不科学、消防管理对象的思维陈旧及不安全行为、消防设施设备的不具备及不稳定、消防管理环境的不匹配及文化缺失，是火灾事故的某一致因或共同致因。本质安全相关理念在消防管理领域还具有这一深刻启示：消防管理本质安全化四要素中某一要素缺失，将会对整个消防安全造成巨大影响，因此，对于消防领域从业人员而言，在分析消防安全问题时，不能仅仅分析某一或某些要素，还要考虑四要素与消防安全整体的相互影响，这样才能够周全。

在社会消防治理中，持续性严防死守的做法在行政资源的投入与社会资源的分摊上，具有一定的负担成本。对消防管理而言，高压态势下的严防死守非长久之计，不能实质性保障消防安全，只治"标"而不治"本"，消防安全稳定状态仍存在极大不确定因素，而非持久性"内在安全"。将本质安全理念应用在消防管理中具有重大意义，按照本质安全理念，所有火灾事故都是可防可控的，这就催生了一切火灾事故皆可防可控的理念。将本质安全理念引入消防管理，具有可行性与必要性。从根本上做好火灾防控，实现消防安全本质化，就是要求消防管理主体履职到位及形成科学的消防管理模式，更新消防管理对象的思维方式及防止其不安全行为，消除消防设施设备的不具备及不稳定状态，营造良好的消防管理环境，达到管理主体、对象、设施与环境的有机结合、交互统一，从而避免火灾事故发生，实现消防管理的本质性安全。

第三章

新时代消防基层治理的实践与拓展深化

第一节 基层网格化治理的内卷化难题

当前,推进城乡基层治理是国家治理体系和治理能力现代化的关键环节。网格化治理以信息平台为支撑、划分网格区域为单元解决基层治理问题,将社会治理重心下移至城乡和社区,是基层治理实践的原创经验。消防作为安全领域中与基层社区和群众紧密贴近的主题,在网格化管理产生之始就存在渊源,2004年,浙江省诸暨市率先开展安全生产网格化管理,拉开了网格化管理的序幕。基层消防治理属于基层社会治理的一个范畴,如果脱离社会治理的大环境谈消防治理,就会显得不够全面,基层社会治理有其治理逻辑,消防治理也有其治理特性,网格化治理是基层治理的现代化方案,因此,有必要对基层网格化治理进行单独论述。要探讨消防网格化治理问题,首先需要在基层社会治理的大背景下,观察与透视基层社会网格化治理。

自浙江省诸暨市率先开展网格化管理以来,网格化治理已经走过了十多年的发展历程,经历了从"管理"向"治理"的转型发展,在我国基层社会治理中功不可没。当下,要避免陷入网格化治理内卷化困境。网格化治理内卷化是一种步入自我循环、自我盘绕的轨道,陷入停滞不前、循环往复的状态，部分基层问题反响明显却无法形成合力予以解决，这将与当前我国社会发展要求乃至远景目标发展需求不相适应。纵观学术领域，基层社会网格化治理研究不计其数，然而诸多研究深度不够，虽以调查研究切入，但提出的对策泛化，基础理论与衍生理论研究不足，尤其在消防网格化治理领域更为明显。

一、网格化治理内卷化之特征

内卷化（Involution），源于拉丁语 Involutum，意为"内卷、内转"，"内卷化"一词最早由美国人类学家克利福德·吉尔茨（Clifford Geertz）提出，根据其定义，"内卷化"是指一种社会或文化模式在某一发展阶段达到一种确定的形式后，便停滞不前或无法转化为另一种高级模式的现象。我国社会科学界对于内卷化定义形成共识性理解后，开始逐渐将内卷化概念延伸至更广泛的研究领域。当代社会对于"内卷化"一词已进行了扩大化解释，但要注意解释的恰当性，避免牵强引用。基层网格化治理属于社会治理，其兼具社会学、管理学等领域特性，虽未专门指向"经济状态"，但归类于社会模式范畴，引用"内卷化"一词介入分析，具有合理性，当务之急是要厘清基层网格化治理的内卷化现状之特征。数据时代的到来引发巨大的社会变革，尽管物联网、大数据、云计算、人工智能技术给网格化平台注入了高科技动力，促使网格治理快速、精准，信息储存便捷、高效，但仍然有陷入内卷化怪圈的可能。

（一）基层功能繁杂化

社会工作的重点在基层、难点在基层、重心在基层。社会的发展与进步，促使社会管理和社会服务的领域越来越广泛，基层社区承担的工作职能日益增多，自然而然加大了网格化治理的工作量。但工作量增加并不是网格化治理产生内卷化现象的理由。或者可以理解为由于事务范围的扩大促进了网格治理的诞生,但是在施行这一组织功能的过程中产生的不当运作,加剧了内卷化现象的产生。

一是在职责事务设置上,旧职责未去除但新职责随之而来并处于常态化,每一次职责的新增必然导致平台设计、组织、人员等的联动调整,网格普遍涵盖信访、治安、市政、交通、环境、环卫、工会等30余个项目,可见其相当于一个县级政府职能的体量。如果不赋予责任主体与之匹配的行使责任的权力,就无法正常履行责任,公民的合法权益就得不到相应保障,公权力的公务属性就会大打折扣,同时影响政府在公众社会的信任度和支持度。二是事务的精细化形成。精细化也是网格平台设计条框特性的必然要求。"精细化"本是中性词,虽可运用但其并不是繁杂化,精细化的关键在于能否实现专业化并达到最佳效能,但精细化是基层网格治理步入内卷化的显著特征。三是在机构组织设置上,职责事务与事务精细化必然要求增加机构组织,包括人员、资金、场所等配备,这与前述两项是一脉相承的,因为要"有场所、有资金、有人管"。纵观国内基层网格化治理,形式多样、各地开花,但治理功能的日趋复杂化是共性,虽然全科网格设置的出发点是好的,看似功能齐全,但真正意义上的治理效果仍然值得反思,毕竟全科不能全括,而要结合实际有选择性地进行抉择,做到有机融合,才能发挥最大效能。

(二)压力传递堆积化

压力层层传导之目的是贯彻落实各项工作部署,意在压实责任,激发基层干部干事的主动性和自觉性,实现压力向动力转化。随着基层网格化治理的应用范围不断扩大,其已扩展至更广社会领域,触及更多行业管理。在当前大力推行基层减负的大背景下,不切实际与不合理的基层加压现象依然存在,作为基层社会最基础治理单位的基层网格终究逃脱不了这一旋涡。即使在我国发达地区,高科技网格平台系统赋能的同时也在赋压,上级机关和网格本身下达的命令、任务及各项台账、数据、报表等信息逐级分解、指标化到基层,造成压力任务堆积,多头报送、重复报送、不必要报送现象出现,由"无纸化"办公迈向了"五指化"办公。

二、网格化治理内卷化之根源

近年来,基层网格化治理推进过程中一些深层次的矛盾和问题凸显,出现的新问题或许未引起足够重视,或者说引起了重视但还未得到真正解决,以致当前基层网格化治理仍处于瓶颈地带,未能提档升级。随着工作的推进与科技手段的融入,基层网格化治理主要体现为量的增加或手段的转型,在质与效的提升方面还有欠缺。这些问题的存在,在一定程度上影响和制约了基层网格化治理的效能发挥及长远可持续性发展。要破解基层网格化治理的内卷化困境,就必须深入研究造成其内卷化现象的根源。

(一)职能"越位""错位"

基层网格化治理的行使主体是村(居、社区)网格员,相关人员的设置和配备本身是基于服务公共利益的目的,但在乡镇、街道一级,部分地区只是单方面考虑方便管理的需求,在基层网格化治理工作中过多介入、不当介入——即使是基于维护公共利益的目的考虑,如此做法同样会导致公权力的运行脱离正轨,造成基层网格化治理效果违背初衷,有损政府公信力。"至于政府能否走出塔西佗陷阱,除了成见不再刻板之外,还有赖于治理能力的提升和治理效果的增益。"[①] 同理,行政职能部门为了行政管理需要,往往强加职能事务至基层网格,这就造成了公权力的"越位"或"错位"。"在当前行政执法困境中,最突出

[①] 王欢. 涉警舆情反转的生成机理与治理:以庆安枪击案为研究样本[J]. 湖北警官学院学报,2017(3):36-46.

的问题是行政执法权配置和运行的碎片化。"① 庞大的职能事项加推，导致形成"全能政府"的形象，而非"有限政府"。拥有公权力的乡镇和街道行政职能部门在"越位"或"错位"的同时，其本身所在的应然位置便产生了"缺位"空间。

另外，基层权责不匹配现象的存在。基层网格被赋予的职责与自身权能并不匹配，网格员缺乏行使职能的法律依据；面对专业的职能事务要求，缺配网格员或者网格员缺乏与任职匹配的能力和素质；某些行政职能在基层网格中无法运行，例如，处在基层网格化治理中的乡镇、街道政府都无职权，更何况对于村（居、社区）而言。

（二）思维片面与技术运用偏差

对于基层网格化治理的公权力而言，恰恰是作为治理对象的群众的基本权利，两者间构成博弈关系。一方面，治理要达到效果，公权力本能地会扩张和渗透到社会治理的方方面面；另一方面，群众的基本权利在作为维护合法权益的支撑与公权力抗衡。很明显，当前基层网格化治理在公民基本权利保障方面处于低阶位置，主要表现在两方面：一方面是思维观念的片面。思想决定行动，思维观念是首要因素。当前基层网格化治理主体的思维观念仍停留在旧的管理体制上，聚力于如何加强管理，如何保持稳定不出事，如何尽一切力量稳控事态，如何避免治理对象提出诉求，强加性的措施应对与忽视治理对象之基本权利就在所难免。另一方面是技术运用的偏差。网格化治理依靠平台系统进行，技术手段的专业性掌握在第三方手中，第三方既要考虑自身系统的便捷和安全需要，以获取最大化的商业利益，又要体现政府治理的意志要求，如何充分体现治理对象的权利，在以后的工作中还有很大的进步空间。

---

① 吕普生. 中国行政执法体制改革 40 年：演进、挑战及走向 [J]. 福建行政学院学报，2018（6）：12-27.

（三）治理多元性缺乏

社会治理的特性之一是多元性，而非单一形态的治理。从社会管理发展到社会治理，基层网格化管理也同步发展至基层网格化治理。"管理"和"治理"虽是一字之差，但含义、意义等截然不同。当前基层网格化治理实现了概念的转变，但实际的多元性状况跟"治理"定义范围内的多元要求存在一定距离。

一是主体多元化的缺乏。"治理"即要求打造多元共治局面，多主体共同参与，从而实现治理主体的多元化。目前，基层网格化治理主体主要是政府、村（居、社区）网格员，至于第三方组织、社会公众等参与度仍然较为缺乏，有些地区甚至网格化治理缺失。二是资金多元化的缺乏。主体资金与配套资金是基层网格化治理的基本保障。基层网格化治理着重打造"共享"格局，直接受益群体是村（居、社区）网格内各种组织与个人，吸纳多元资金具有合理性。但当前基本的网格治理资金来源渠道较为单一，主要依靠政府财政投入，在基层村（居、社区）组织、企事业单位、社团组织等方面的资金吸纳较为匮乏。三是网格多元化的缺失。我国地域辽阔、地区差异大等现状决定了各地网格存在差异性。大中型城市基层网格化治理发展早，较为成熟，但当前还有部分城市在网格化治理推行发展过程中照搬照套，没有根据自身地域、人口、产业、功能、结构等进行切合实际、因地制宜地治理。

（四）非常规性利益驱动

社会是由不同的社会群体组成的，处于社会架构的不同群体具有不同的需求与利益导向，当缺乏行之有效的制度机制以平衡各方利益和制约权力运用，并且约束利益的无限扩张时，非常规性利益便有机可乘。

一是网格员受非常规性利益驱动。网格员作为网格治理主体，无论是专职还是兼职，尤其是兼职网格员及其亲属，都是处于网格区域内的治理对象。这种情况，犹如硬币的两面性，网格员在容易获得工作支持的同时，也容易受到人为因素、主观因素的影响而难以保证治理效果。二是网格治理对象受非常规性利益驱动。个体受到利益驱使，特别是，在缺乏公共利益价值观的情况下，会竭力维护自身利益，阻碍治理进程。社会治理的一个特性是互动性，治理主体与治理对象之间需要进行有效互动，这是一个利益博弈的过程。"利益的多元化和权力的分散化，决定了未来各领域的治理不是某一个体主体能独立完成的任务，必须依赖于各利益主体形成密切合作的机制。"①

三、网格化治理内卷化之破解

如今的基层网格化治理并不是一种扁平化的模式，而是纵横交错的治理模式。着力将传统、被动、分散的管理向现代、主动、系统的治理转变，如何解决在这一转变过程中面临的内卷化困境，则是我们应思考的关键问题。既要在公权力与公民基本权利之间获取平衡点，又要调和各方利益，在符合公共利益最大化的条件下满足各方需求，确实不易。在现代社会治理中，法治应当保持必要的谦抑性、被动性、中立性、有限性和终局性，即使需要法治介入，也要区别对待，把握好法治介入社会治理的时机、程度、范围、力度。② 现代基层社会治理是一个系统工程，需要运用综合的体制机制等方式，才能实现社会的和谐有序与公平正义。③ 迫切需要从权力分配、权益保护、多元治理、制度机制入手，切中要害，以突破基层网格化治理的瓶颈。

（一）实现公权力的有效分配利用

在治理理论构架下，科学合理对公权力进行分配是基本要求，以促使权力向社会回归，促使公权力回归本位。"政治领域健康的权力运作

---

① 饶玉柱，张权，李睿深.信息化国家治理［M］.北京：电子工业出版社，2018：256.
② 李林.推进新时代"枫桥经验"的法治化［J］.法学杂志，2019（1）：9-16.
③ 朱力.转型期中国社会问题与化解［M］.北京：中国社会科学出版社，2012：14.

法治秩序，可以防止权力偏离公共属性，还原权力的公共属性，维护权力运行的廉洁高效。"[1] 如前所述，基层网格化治理中的公权力运行误区是一个显著存在的问题，运用权力分配理论对基层网格治理进行梳理运用，具有现实意义。

　　一是合理配置职责。合理配置基层网格职责首先要理顺职能关系，要评估分析具体适合基层网格治理的职能事项，排除并回收不适宜基层网格治理的职能事项。权责关系的法定化和规范化是确立基层治理合理行为边界的基础，要以法律为边界制约行政职能部门强加给基层网格的职能，避免公权力的"缺位""越位""错位"运行。通过当前"放管服"改革，建立清单制度，推进层级和部门的权责归属。二是整合职能事项。通过对保留配置的职能事项做进一步归类，整合内容交叉、错位的类型，合并同类项，如信访治安、食药质监、市政市容、环境环卫、文教体育、应急消防等。在进行平台系统技术设计时，可在一级框架下进行精细化细分，但在治理时应作为一个大类型进行治理。三是匹配基层权责。权责对等原则是现代政府治理模式必须遵循的基本原则。但需要注意的是，"行政赋权或者分权政治同集权逻辑一样具有特定的'攻击性'和逻辑困境，要始终坚守行政赋权的本意，而不是为了集团利益或部门利益而争权、索权、扩权"。[2] 如今，基层网格权责不对等，是基层治理过程中遇到的最大短板。网格员缺乏执法权限，行使职能的法律依据缺失，影响了治理效能，唯有权责互相匹配，才能保障基层治理人员履职，直至职责履行到位。目前，浙江省推行的"四平台"之一"综合执法平台"，通过派驻执法人员的形式解决权责问题，是一种创新举措。"将公众引入城市基层治理和执法中，实现了基层治理和行

---

[1] 祁一平. 国家治理现代化与腐败治理 [M]. 北京：中国发展出版社，2016：25.
[2] 杨华锋. 协同治理：社会治理现代化的历史进路 [M]. 北京：经济科学出版社，2017：183.

政执法的合力效应。"①

（二）强化治理对象的权利保障

在基层网格治理中忽视治理对象的权利保障，网格治理就失去了应有之义。当前基层网格化治理处于内卷化困境，虽有科技手段的注入，但网格治理对象的权利保障方面未能同步。为此，始终把权利保障作为核心要素进行制度设计，强化治理对象的权利保障，是新时代基层网格化治理的本质要求。

一是要坚守"以人为核心"的思想。"从以对敌斗争为中心，发展到以维稳为中心，再转向以人民为中心。"② 基层网格治理体现了基层治理制度设计趋势和方向，决定了基层网格治理既要充分应用现代智能技术工具，又要坚持以人为核心，始终将保障治理对象的权利放在首位。二是要树立正确的动态稳定观。基层社会治理始终处于动态的互动协调的过程，破除旧的失衡达到新的平衡，从而实现基层的稳定状态。因此，针对树立正确的动态稳定思维观念，摒弃"维稳至上"和"稳定政绩"观念，聚焦互动性，通过网格治理事务来关切与回应网格治理对象的反应与诉求。三是要改良制度设计与技术运用。以"以人为核心""注重权利保障"的思维方式为先导，改变现有陈旧的制度设计。过于寻求工具性方法的创新应用，就会直接或间接造成管控，无法保障治理对象的权利。因此，针对改变当前基层网格化治理倾向强调信息技术等方式方法的创新，而忽视治理对象权利保障的做法，就要通过结合治理对象的权利保障需要来进行技术设计和运用，做到既能发挥技术优势增强基层治理，又能有效保障其基本权利。

---

① 彭辉，周莹青. 推进行政执法（管理）力量下沉的对策研究：以上海市闵行区为例[J]. 中共桂林市委党校学报，2019（4）：58-62.

② 张文显. 中国社会转型期的法治转型[J]. 国家检察官学院学报，2010（4）：3-10.

(三) 构建拓展基层网格的多元治理

从网格化"管理"转向"治理"的一个重要因素，即考虑到多元主体参与的需要。"多元"应当进行扩展性解读，其包括多元治理主体、多元资金筹集与多元网格格局三个方面。

一是拓展多元主体实现合作共治。要解决当前多主体实际参与度不够的问题，应通过扶持和培育社会组织，并且调动社会组织主动参与自治的积极性，同时规范社会组织参与网格治理各项行为，将其纳入法治化轨道。要注重互动性，实现政府、职能部门与村（居、社区）有效衔接，政府、市场、社会组织、群众共同参与。在合作治理中，政府不再单纯地扮演"权威者"或"主导者"的角色，上述治理主体都是"行动者"，并且治理地位是平等的。

二是拓宽基层筹资渠道。要建立行之有效的经费筹资机制，改变筹资单一的渠道，注重社区企事业单位、社团组织、社会募捐等资金吸纳。发挥市场调节作用，通过市场承接部分管理和服务项目。综合运用各种财政、税收优惠政策，为投资基层网格治理注入动力，通过建立健全相关政策法规，为财政经费筹集与合理使用提供法律保障。

三是构建多元网格格局。根据本地区域分布、居民成分、产业布局、功能定位、社会组织等分析研判，因地制宜，采取切合实际的网格化推进措施。经济发达地区拥有雄厚资金实力优势，经济欠发达地区拥有传统的治理优势。各地均要结合实际探索网格化治理的可行路径，灵活机动地有序推进，即使一个区域内各处的网格形态可能有所不同，最终也能发展形成切合实际的多元化基层网格治理格局。"美国学者托马斯认为要保证公民参与的长期成效，最好的办法莫过于在决策制定中使参与角色的作用制度化。定期对实质性资源施加影响有助于激励公民和公民团体，使其保持积极主动的态度和精神。"①

（四）创新制度机制提升治理效能

基层网格治理的规范和高效运行，离不开完善和可持续优化的制度建设机制。当前，基层网格治理多方主体易受非常规性利益驱使，需要通过创新制度机制予以制约。

一是要创新激励机制。创新激励机制，一方面是对网格治理主体而言，通过激励机制调动网格治理主体的积极性与责任度；另一方面是对网格治理对象而言，改变单纯宣传和动员形式，通过激励机制全方位动员治理对象参与到网格治理中，从而有效提升网格治理的效率与质量。二是要完善考核评价机制。当前不科学的考评机制，很大程度上影响着基层网格治理决策层的决策，需要改进网格化治理政绩考核方式，建立科学合理的绩效考核方式，将基层网格化治理考核、评价、奖惩、监督等全环节运作起来。三是要构建网格人才培养制度。通过提高网格员的岗位待遇，提升人员的招录价值，不断向行业输送业务素质高、综合能力强的工作人员。"社会治理需要高超的'治理艺术'，在收放张弛之间拿捏得恰到好处。"② 基层网格的精细化最终要解决的是专业化问题，要构建专业化工作梯队制度，建立健全职业资格认定、注册管理、岗位职责设置、工作绩效评估等制度，全面提高基层网格员职业化水平。根据网格员负责项目的类型，由上级主管部门、职能部门的专业培训人员定期组织教育培训，不断提高网格员的专业技能。

---

① 秦晓蕾，李延伟. 治理效能提升视阈下公民参与治理创新的制度化之路：基于南京市机关作风群众评议 18 年演变历程的分析 [J]. 治理研究，2020（4）：67-76.
② 唐钧. 社会治理与社会保护 [M]. 北京：北京大学出版社，2018：52.

第二节 新时代消防基层治理的实践

一、由消防管理转向消防治理

（一）消防网格化管理的问题所在

1. 消防网格管理的功能性要加强

2011年，消防部门开始在本行业领域探索推广网格化管理，以期在消防网格管理成立之初，构建"全覆盖、无盲区"的消防管理网络。经过几年的发展推行，大中小网格已经建立，但是个别地区未能充分结合实地合理分析论证确定网格人员、职责等事项，待上级检查时，网格资料台账看似齐全，实则实施常态化消防安全检查、宣传教育少，甚至出现台账记录表格连续空白等现象。之后，智能化管理应用的推进，在倡导无纸化办公提供便捷性的同时，能否坚持常态化成为疑问，消防网格管理流于形式便会变得自然而然。如前所述，智慧社会随之而来，当下基层网格普遍涵盖信访、治安、市政、交通、环境、环卫、工会等几十个项目，基层网格事务繁杂化、琐碎化，促使网格管理容易陷入内卷化境地，基层是落实部门，将通知文件上的工作落实是一件不容易的事。对基层来说，漏斗式管理容易造成其不堪重负。虽然任务最后都下沉到了基层，但是基层应对不过来。照此发展，消防网格化管理将出现"形式"大于"功能"，"强调"大于"实践"的越轨现象。

2. 消防网格管理实效性不及预期

消防工作责任重大、任务紧要，随着经济社会的快速发展，近几年基层消防事务加重。当前，在将安全问题置于首要关注的工作前沿背景下，对于消防工作，基层网格要面对的状况表现在：上级相关部门层层压码，多个部门联合或分头发文通知，特别是持续性高压态势的严防死守型做法，有时会导致基层网格疲于应对、难分重点，由于基层网格人员数量、业务能力水平等限制，加上其他事务性工作对消防工作的挤占，基层消防网格化管理的效率与效果都受到影响。"基层治理机制在应对问题与挑战时出现超载运行的状况，导致基层治理机制乏力、绩效不佳。"① 责任明晰、机制健全、运行高效的消防安全网格化管理组织和工作机制，并不能普遍得到实现。此外，在依靠社会组织、整合社会管理资源方面，由于当地政府重视程度与当地经济发展水平、财政收入和投入因素等多种因素影响，各地不一，尤其在欠发达地区，基层网格引入社会性资源辅助消防网格化管理的能力显得极其有限。

3. 消防网格管理匹配性存在不足

坚持属地管理原则，在城市街道办事处以社区为单元，在乡镇人民政府以村屯为单元，划分若干消防安全管理网格，对网格内的单位、场所、居（村）民楼院、村组实施动态管理，是消防网格化管理模式的基本运作方式，这就要求基层网格消防管理工作具备持续性、动态性。然而，基层消防网格管理出现诸多不相匹配现象，主要有这几个表现：消防网格工作事务的数量、标准与基层网格人员数量、消防工作能力素质不相匹配，事务数量大于网格员的数量（网格员身兼数职），对于基层网格开展消防工作的标准要求高于网格员的专业能力；消防网格化管理事务与当地消防安全问题针对性处理不相匹配，部分地区上级通知文件"一刀切"现象时常有之，对于相应的工作考核也未能体现当地实际，没有根据考核的对象、特点等进行具体问题具体分析；此外，消防网格化管理档案台账、网格员的岗位变动、人员流动与动态化的网格员归口管理、职责对应要求也是现实难题。上述不匹配现象足以影响消防网格化管理的持续性与动态性。

---

① 马长山. 智慧社会的基层网格治理法治化[J]. 清华法学，2019（3）：18-27.

(二) 消防网格化管理的问题剖析

1. 行政化管理思维意识的束缚

消防改革转隶后,在国家推进国家治理体系与治理能力现代化建设的背景下,消防救援队伍行政管理模式与现代化政府行政管理模式逐步接轨,但在消防改革转制之前,其特有的体制与特有的监督管理模式,造就了旧的行政化管理思维模式,这段时间正是全国消防网格化管理推行期。旧的行政化管理思维指导下的消防网格化管理的发展必然偏向管理,消防监督检查硬指标、生硬做法等较为普遍,旧的行政化管理思维具有浓厚的行政化管理色彩,甚至在改革转隶后,部分消防指战员的旧管理思维仍然根深蒂固,旧的行政化管理思维与打造现代政府、实现政府职能转变、构建服务型政府的要求并不适应。对基层居民群众而言,网格化管理人员作为管理方,在实施消防监督管理执法过程中,极容易披上行政化管理色彩。行政化管理思维意识,一方面束缚了消防监督管理部门的服务、创新思维;另一方面限制了消防监督管理对象参与治理的主动性与积极性,从而阻碍基层消防网格管理的创新发展。

2. 多元治理理念与实践的缺失

2012年,中央综治办、公安部等五部门印发《关于街道乡镇推行消防安全网格化管理的指导意见》(公通字〔2012〕28号),拉开了消防安全网格化管理的序幕。由此可见,消防网格化管理一开始就以"管理"为基点,当然,文件对于居民楼院、村组、社会单位场所的网格化管理责任不乏"共同治理"的影子,但是对于社会资源与居民群众这一关键主体仍然缺乏认识与关注。再者,就当时背景而言,对于"管理"的强调无疑是侧重的。消防网格化治理不仅仅是针对作为消防管理主体而言的,消防管理主体也不能狭隘地认为:自身作为管理主体就只适用"管理"一词,"治理"与自身无关。"任何治理架构的关键,都不在于哪一个治理主体,而在于多元主体间的关系,即能否在相互作用中产生协同效应。"① 长期以来,多元治理理念的认知不到位,自然造成消防网格管理多元主体协同治理实践的不足,这种缺失既体现在行业主管部门与网格人员的观念上,又是消防网格化管理工作实践的真实写照。

3. 消防服务与监督管理的失衡

消防包含"消"与"防"两个层面,人们通常认为公民有灭火的义务而无防火的义务,对"消"来说,义务性似乎更强,体现在法律上,《消防法》第五条规定,"任何单位和成年人都有参加有组织的灭火工作的义务";对"防"而言,义务性照样存在,上述条款同样规定,"任何单位和个人都有维护消防安全、保护消防设施、预防火灾、报告火警的义务"。然而,不能因为义务性的法律条款规定就在消防网格化管理中倾向于监督管理,在网格化监督管理中,网格管理人员在现实中的消防服务不足,消防服务与监督管理有失平衡,尤其是基层网格员在本身监督管理素质能力有限的情况下,更谈不上消防服务意识与服务方式,如此,消防网格管理效果便大打折扣。一方面,消防网格管理权重于消防服务的结果,有时导致管理对象及居民群众认为消防安全事务与自己关系不大;另一方面,管理对象传统安全观念与思维方式陈旧,赶不上消防安全形势发展变化。上述两点也是消防网格化管理实践效果不理想的直接原因。

(三) 消防网格化治理的实践转型

2013年11月,中共十八届三中全会提出"国家治理体系和治理能力现代化"的重大命题,全会通过的《中共中央关于全面深化改革若干重大问题的决定》明确,全面深化改革的总目标是完善和发展中国特色社会主义制度,推进国家治理体系和治理能力现代化。"推进国家治理体系和治理能力现代化"的改革目标的首次提出,标志着推动我

---

① 何明升. 智慧社会:概念、样貌及理论难点 [J]. 学术研究, 2020 (11):41-48.

国社会主义现代化建设向更高水平迈进。新冠疫情防控期间，我国基层社会治理体系和治理能力成功应对，彰显了我国共建共治共享的社会治理制度的独特优势，精简高效、重心下移的基层治理模式成效显著，尤其在大数据、云计算、物联网等的交织融合下，数字治理成为大数据时代社会治理之道。安全始终是人类永恒的话题，除了疫情防控领域外，还存在一个重要却又似乎容易被疏忽的领域，即基层网格化治理中的消防安全领域。自创立至今，消防网格化管理推行十年有余。在街道乡镇、村居等基层层面，消防网格化管理对防范、化解火灾风险，保障社会面消防安全形势稳定发挥了重要作用，功劳不可埋没。

在深化改革的大背景下，消防安全"网格化管理"朝着"网格化治理"转变。网格化治理是社会治理的基础单元，消防治理也必须立足于基层，打通应急救援与火灾防范的"最后一公里"，发挥基层网格化治理的巨大作用。改革转隶后的消防救援队伍在实践中探索前行，推进基层消防网格化治理工作做深做实。广东是经济大省，但城镇化发展仍在推进，区域发展不平衡现象明显，高风险场所多；广东也是人口大省，流动人口多，社情民情复杂多样，基层消防治理面临着巨大挑战。在这种挑战面前，聚焦基层治理的实效，打通堵点、克服难点，破解各种障碍就成了关键。近年来，广东省消防救援总队不断强化统筹融合、区域协同、共治共享等新发展理念，加快构建具有消防特点、广东特色的新型防控、训战、保障和科创体系，有效牵引整体工作向更高层次、更高水平迈进。①

广东省梅州市地处粤东北，与珠三角城市相比，经济欠发达，山多地广的特点致使火灾防控点多、线长、面广，乡村火灾防范面临着种种挑战，如何破解基层消防安全监管难题，打通基层消防工作"最后一公里"，一直是梅州市探索的重点课题。梅州消防以问题为导向，将治

---

① 广东省消防救援总队跑出改革发展"加速度"[N]. 南方日报，2022-01-09（A5）.

理重点放在基层，既抓末端、强救援，又抓前端，消未起之患，防患于未"燃"，推进消防治理体系和治理能力现代化建设，持续探索山区消防治理的强基之路。① 面对基层镇（街）消防监管"无机构、缺力量"，监管覆盖延伸不到位等问题，广东珠海创新"局站合一"模式，通过消防救援站对应镇街设立"消防救援分局"。2021年1月8日，珠海市香洲区拱北街道消防救援分局的揭牌，标志着广东省首个消防救援分局正式成立。② 广东省佛山市地处粤港澳大湾区，全市投入1.93亿元，在32个镇街挂牌成立消防救援所，全面统筹镇街消防工作。在此基础上，在GDP突破1200亿元的狮山镇试点建强消防救援所，配备公务员15人、防火工作人员100余人。其他镇街按照狮山镇模式，结合本地实际，分级分类扩充基层消防队伍。③

消防网格化管理转向网格化治理是现代化发展的必然趋势，实现由"管理"向"治理"转型，符合消防工作社会化原则。一方面，消防网格化管理本身在推行过程中存在主观、客观方面的难题。随着基层社会治理事务精细化与功能繁杂化的演进，消防网格化管理实施现状与效果达不到预期，在实践领域，对消防网格化管理的研究与实践不深，主要侧重于人员、经费、装备等"人、财、物"典型化、传统式研究与实践方式，未能切中要害对消防网格化管理进行深入反思，进而全面系统地剖析消防网格化管理。另一方面，消防网格化治理比消防网格化管理优势更大。管理侧重于监管，治理偏向于共治，在复杂社会系统下，单纯的监督管理会带来负面效应，而治理能够消除负面影响，带来更好的效益。最终要提出与论证多元性的消防网格化治理，从而破解当前消防

---

① 山区消防治理的梅州强基探索 梅州加快推进消防治理体系和治理能力现代化建设［N］．南方日报，2021-12-22（A2）；山区消防治理的"谋"与"动"［N］．南方日报，2022-11-23（A5）．
② 珠海成立镇（街）消防救援分局［N］．中国应急管理报，2021-01-14（1）．
③ 示范引领，走在前列！佛山市基层消防安全治理体系建设经验向全国推广［EB/OL］．搜狐网，2022-09-23．

网格化管理的现实困境，实现消防网格化治理功能最大化与效率最优化。此外，由消防"管理"到消防"治理"，不仅仅是改变了一个字，治理所包含的内容更加丰富，重要的是，要理解消防治理的真正内涵，不能将原来的"管理"现实冠于"消防治理"，否则，消防治理的真正要义就不能体现，消防管理就不能真正转到消防治理的轨道上。

二、消防基层治理与联合执法

联合执法是指两个或两个以上的行政执法机关，按照各自的职责范围，对一个或几个对象联合开展行政执法活动。具体而言，联合执法是多个执法机关统一对相对人进行监督检查，在各自职权范围内以各自的名义对相对人实施处理或处罚的活动。联合执法的原则是联合行动，但各司其职、各负其责。现实中，由于每个行业领域都可能涉及不同的政府部门管辖范围，联合执法在现实中应用得极为广泛，在各个拥有执法权的政府部门之间都存在适用可能，只要存在对同一个相对人或者是执法对象领域，就有可能在两个以上的执法机构之间开展联合执法行为。

在消防监督管理执法领域，除了消防职能主管部门开展常规性的消防监督执法工作之外，对消防领域的联合执法始终存在，现实中，消防、公安、文旅、市场监管、民政、教育、卫生健康等执法部门开展联合执法较多。在我国行政执法领域，执法行为内容繁杂、形式多样。我国的行政执法体系是一个科学、严谨的系统，各执法主体相互联系，相互依存，但又相互区别，自成一体，彼此之间可以密切配合，但又不能相互取代，所有行政执法主体只能在法定的范围内活动，任何程度的越权都将导致该执法行为无效。执法机构之间存在边界，各执法机构各司其职、各负其责。

从消防监督执法来看，我们比较容易分析出联合执法具有的特征。一是"联合执法"是一种执法统称。联合执法并不像综合执法、委托执法等具有一定的理论根据与法理学意涵，没有深厚的理论基础作为支撑，它仅仅是执法机构、执法者的集合，因此，联合执法是一种基础的、低阶位的执法统称。二是执法组织结构不同。联合执法单纯是执法机构的集合，在组织结构类型上是各自独立的纵向式组织结构类型，每个纵向单元之间并不交叉，虽然联合执法可能存在临时组织协调机构，但并非常设性的临时组织。三是执法权责的相互独立性。联合执法的执法机构的执法权责指向各类型执法领域，执法权责单一，各执法机构的权责彼此独立，没有形成综合性质上的统一的权责关系。消防、公安、文旅等执法部门的执法权责各自独立。四是执法机制的各自运行。联合执法中的行政执法决定，由参加联合执法的行政执法机构在各自职权范围内依法做出。对多个违法行为，由相关行政执法机关分别立案，依法履行各自执法程序，分别依法做出执法决定。此时，联合执法在实践中，各执法机构之间可能基于联合执法关系，建立相应的联合执法规定或者执法协助规定机制，参与联合执法的执法机构彼此之间存在执法沟通与相互协助，各执法机构同时接受相应的监督机制的制约。

从消防基层治理范畴来说，多部门的联合执法行动直接深入执法现场，对执法对象开展监督执法行动，消除一批批火灾隐患，打击一个个消防违法行为。在对基层的定义上，只要是处于执法现场、面向执法对象的执法行为，就可以说是基层治理范畴内的执法行为，这是下级部门相对于上一级部门来说的，因为联合执法行动通常发生在镇街、县级以上执法部门之间。所以，网格化治理属于基层治理的一部分，而基层治理的范围比较广。总体来说，消防救援部门发起或参与的联合执法行动在实践中发挥了重要作用。联合执法的初衷就是合理利用执法资源，避免执法资源的重复使用，同时避免繁多的执法部门检查对执法对象造成不便，让市场主体能有更多的时间精力生产、经营。

联合执法的初衷是好的，但是在监管责任压力下，要防止联合执法发生变形，否则就违背了联合执法的初衷，比如，不能因为责任压力就随意发起联合执法行动，联合执法越来越多地会对执法对象造成干扰，联合执法行动参与的执法主体、执法对象不能随意扩大化。对于联合执法，尤其要注重执法频率与执法效果，合理的执法频率与良好的执法效果才符合联合执法设立的初衷；联合执法必须是有依据的、必要的，各执法机构要理顺常规化执法与联合执法的关系，联合执法应当在规范的基础上开展。

三、消防基层治理与综合执法

对于综合行政执法（综合执法），早在 2004 年，《政府工作报告》中就强调了"要改革行政执法体制，相对集中行政许可权和行政处罚权，推进综合执法试点，解决多头执法和乱罚款等问题"。其实，综合行政执法与相对集中的行政处罚权具有同种缘由，在现实中，无论是在规范性文件还是在具体的工作实践，对两者似乎都没有进行严格的区分，但是细细区分，两者还是存在区别的：相对集中的行政处罚权是将两个或两个以上行政机关的行政处罚权集中由一个行政机关行使的一种法定的特殊行政执法制度，它主要体现在《中华人民共和国行政处罚法》（以下简称《行政处罚法》）中；综合行政执法是将原来由几个执法部门分别行使执法权的领域统一由一个具有行政执法主体资格的执法部门负责的行政执法体制。综合行政执法是一种执法体制，概念范围比较大，除了行政处罚权的集中外，还集中相应的行政监督检查权、行政强制权等，职权集中范围更大。

但是，我们可以说，综合行政执法是在相对集中行政处罚权工作基础上的在体制上与源头上的改革和创新，是对推进行政管理改革的大胆探索。综合行政执法是极具中国特色的执法体制，党的十八大以来，我国先后通过《中共中央关于全面深化改革若干重大问题的决定》（2013）、《中共中央关于全面推进依法治国若干重大问题的决定》（2014）、《法治政府建设实施纲要（2015—2020 年）》《中共中央国务院关于深入推进城市执法体制改革改进城市管理工作的指导意见》（2015）等文件，对综合执法改革进行全面深化，在综合行政执法改革的执法主体、执法权限、执法领域、执法程序、执法能力等方面进行了规范。

与联合执法与委托执法相比，综合行政执法的特征主要体现在以下几方面。

其一，在综合行政执法的改革目标方面。综合行政执法改革是对我国上下对口、条块分割的行政管理机构设置模式的突破做法，基于过度分权而引发的部门行政、部门壁垒的现实背景，以精简政府机构，规避部门行政。在我国，政府职能转变和行政管理体制改革一直在推进，综合行政执法改革的目标是面对行政执法机构多，行政执法权分散的局面，着力解决执法机构之间职权的交叉重复，行政执法效率低的问题。联合执法与委托执法不能解决多头执法、执法扰民等问题，而综合行政执法则在应对此类问题上具有独特的优势，对于解决行政管理中长期存在的多头执法、职权交叉重复和行政执法机构膨胀，降低行政执法成本，提高行政执法水平和效率，建立"精简、统一、效能"的行政管理体制，具有重要意义。

其二，在综合行政执法的理论应用方面。实践中，综合行政执法主要基于两种理论类型进行应用，一是通过大部制改革而形成的综合行政执法，二是通过相对集中行政处罚权基础上的跨部门综合行政执法。通过大部制改革而形成的综合行政执法主要在于由大部制改革而形成的市场监管部门、环境保护监察部门等执法机构内部开展的综合执法。跨部门综合行政执法的主要体现是城市管理领域相对集中行政处罚权（同时，综合行使行政强制和行政检查等职权）。因为新公共管理理论强调政府职能简化、组织结构"解科层化"、作业流程电子化，所以综合行政执法可以说是在一定程度上对新公共管理理论的实践回应。

其三，在综合行政执法的具体内容方面。综合行政执法主体为一个统一的执法机构，综合行政执法组织实质打破了原有的组织边界，综合行政执法应用领域是：在一定条件下的一定领域范围内已经探索应用中的现实执法领域，主要执法类型是行政处罚、行政检查、行政强制等。

2017年以后，我国综合行政执法改革进入全新阶段，形成了商务、交通运输、市场监管、农业、文化市场与生态环境保护等综合行政执法重点领域。[①] 综合执法机构是常设的独立执法机构，综合执法是单一行政主体独立的执法，从而精简执法队伍，集中执法力量，提高行政执法效能，解决多头执法、重复处罚、执法扰民等问题。面对纷繁复杂的社会治理需求，综合行政执法改革是现代政府采取的一种适应性改革机制，是实现基层社会治理，推进国家治理体系和治理能力现代化的创新体制。2021年新修订的《行政处罚法》明确了综合行政执法的法律地位，其第十八条规定："国家在城市管理、市场监管、生态环境、文化市场、交通运输、应急管理、农业等领域推行建立综合行政执法制度，相对集中行政处罚权。国务院或者省、自治区、直辖市人民政府可以决定一个行政机关行使有关行政机关的行政处罚权。限制人身自由的行政处罚权只能由公安机关和法律规定的其他机关行使。"可见，一方面，在法律上确立了综合行政执法；另一方面，在城市管理、市场监管、生态环境、文化市场、交通运输、应急管理、农业等领域的综合行政执法改革仍在推进。

2020年9月，中共中央办公厅、国务院办公厅印发了《关于深化应急管理综合行政执法改革的意见》，该意见提出，健全省、市、县三级应急管理综合行政执法体系，厘清不同层级执法管辖权限，明确监管

[①] 参见商务部《关于进一步深化商务综合行政执法体制改革的指导意见》（商秩函〔2017〕885号），中共中央办公厅、国务院办公厅《关于深化交通运输综合行政执法改革的指导意见》（中办发〔2018〕63号），中共中央办公厅、国务院办公厅《关于深化市场监管综合行政执法改革的指导意见》（中办发〔2018〕62号），中共中央办公厅、国务院办公厅《关于深化农业综合行政执法改革的指导意见》（中办发〔2018〕61号），中共中央办公厅、国务院办公厅《关于深化文化市场综合行政执法改革的指导意见》（中办发〔2018〕59号），中共中央办公厅、国务院办公厅《关于深化生态环境保护综合行政执法改革的指导意见》（中办发〔2018〕64号）。

执法职责。应急管理综合行政执法职责主要由市、县两级承担。日常执法检查、一般违法案件查处以县级为主。按照权责一致原则，通过依法赋予必要的监管执法权限等形式，强化基层属地管理。合理划分县、乡应急管理执法职责，对乡镇（街道）有能力承担的简易执法事项，依法委托乡镇（街道）执法。可见，在应急管理领域同样开启了综合行政执法改革的频道。消防领域与应急管理领域存在交叉部分，但是不能等同。也就是说，该意见针对的是应急管理领域的综合行政执法，而不能理解为包含了消防监督执法在内的综合行政执法。① 对消防监督执法纳入综合行政执法，仍然需要进一步探讨与论证。在综合行政执法改革方面，给予了地方较大的推进空间，各地推行的综合行政执法在覆盖范围、推进内容等方面存在差异。2020年8月，《广东省人民政府关于乡镇街道综合行政执法的公告》发布，重点调整实施的是自然资源和规划建设、生态保护、市场监管、卫生健康、镇区和乡村治理、农业技术推广使用等方面的行政处罚权，由各地级以上市政府组织梳理、确定调整镇街实施的行政执法事项目录，并以市政府公告形式公布。行政处罚权、与之相关的行政检查权、行政强制措施权将由镇街一并实施。

四、消防基层治理与委托执法

委托执法是指有行政执法权力的行政执法机关，依照法律、法规或者规章的规定，在其法定权限内将自己的行政执法事项委托给符合法定条件的行政机关、其他组织行使，并承担被委托组织行使的行政执法行为产生的法律后果的执法方式。在社会治理领域，委托行政执法主要体

---

① 《关于深化应急管理综合行政执法改革的意见》提出："将法律法规赋予地方应急管理部门的有关危险化学品、烟花爆竹、矿山、工贸等行业领域安全生产监管，以及地质灾害、水旱灾害、森林草原火灾等有关应急抢险和灾害救助、防震减灾等方面的行政处罚、行政强制职能进行整合，组建应急管理综合行政执法队伍，以本级应急管理部门名义统一执法。"

现在《行政处罚法》与《中华人民共和国行政许可法》（以下简称《行政许可法》）中，《行政处罚法》第二十条、《行政许可法》第二十四条有相关规定。①

委托执法在现实中广泛应用，作为监督执法者，应当对委托执法的有关规定彻底掌握，并对其内涵有深刻的理解。从法条来理解委托执法并不难，委托执法主体是行政机关，委托的法律依据必须是法律、法规、规章，被委托组织具有严格的限定条件，如行政处罚被委托组织必须符合"依法成立并具有管理公共事务职能；有熟悉有关法律、法规、规章和业务并取得行政执法资格的工作人员；需要进行技术检查或者技术鉴定的，应当有条件组织进行相应的技术检查或者技术鉴定"这三个条件，而不能是其他组织、个人，行政许可被委托组织只能是行政机关。委托执法是以委托行政机关主体的名义做出的决定，相应后果也由委托行政机关主体承担。委托执法不得二次委托。

联合执法与委托执法差别明显，但对综合执法与委托执法容易混淆。仔细区分，综合执法与委托执法也存在明显的不同：综合执法不是委托，而是通过改革，综合组建或者另行组建一支执法队伍，赋予其执法权能实施执法行为，而委托执法重在委托，是由委托单位发起的委托事项，这种委托事项在其法定职权内，具有明确的委托具体事项、权

---

① 《行政处罚法》第二十条规定："行政机关依照法律、法规、规章的规定，可以在其法定权限内书面委托符合本法第二十一条规定条件的组织实施行政处罚。行政机关不得委托其他组织或者个人实施行政处罚。委托书应当载明委托的具体事项、权限、期限等内容。委托行政机关和受委托组织应当将委托书向社会公布。委托行政机关对受委托组织实施行政处罚的行为应当负责监督，并对该行为的后果承担法律责任。受委托组织在委托范围内，以委托行政机关名义实施行政处罚；不得再委托其他组织或者个人实施行政处罚。"《行政许可法》第二十四条规定："行政机关在其法定职权范围内，依照法律、法规、规章的规定，可以委托其他行政机关实施行政许可。委托机关应当将受委托行政机关和受委托实施行政许可的内容予以公告。委托行政机关对受委托行政机关实施行政许可的行为应当负责监督，并对该行为的后果承担法律责任。受委托行政机关在委托范围内，以委托行政机关名义实施行政许可；不得再委托其他组织或者个人实施行政许可。"

限、期限等内容；综合执法只涉及一支执法机构，这是由综合执法设立的目标初衷决定的，而委托执法涉及委托行政机关与被委托组织；综合执法由本身执法组织行使执法权，以自身名义做出执法决定，同时承担自身行使的执法后果，也就是说，综合执法机构是主体独立，责任也独立，而委托执法由被委托组织行使执法权，以委托行政机关的名义做出执法决定，最终的执法责任后果是由委托行政机关承担。在消防监督执法领域，部分地区的执法人员混淆了委托执法与综合执法，没有厘清委托执法与综合执法的区别，没有真正理解掌握委托执法与综合执法的内涵。

另外，谈到委托执法，还有必要将其与授权执法区分开来。现实中，还存在部分消防监督执法人员没有分清委托执法与授权执法的现象。授权执法（授权行政执法），是指根据法律、法规的规定，将某项或某一方面的行政职权的一部分或全部，授予某个组织执行的行为。在行政处罚方面，《行政处罚法》第十九条规定："法律、法规授权的具有管理公共事务职能的组织可以在法定授权范围内实施行政处罚。"委托执法与授权执法是两个截然不同的法律概念，它们存在的区别在于以下几方面。

一是法律的依据不同。委托执法依据法律、法规、规章，而授权执法必须是法律、法规（包括行政法规与地方性法规）的明文规定，规章和规范性文件等不具有授权资格。二是产生的形式不同。委托执法是根据法律、法规、规章的规定后，委托行政机关通过书面委托的形式予以委托，而授权执法是根据法律、法规的直接授予。三是产生的后果不同。委托执法在委托产生后，由被委托组织行使执法行为，执法后果由委托组织承担，而授权执法的法律后果是被授权组织，即取得行政执法主体资格，独立行使执法行为并独立承担执法行为产生的后果。在消防执法领域，《消防法》对公安派出所的消防监督检查权的条文规定就是授权执法的典型例子。① 只有厘清委托执法、综合执法、授权执法三者之间的区别，才能在工作中有的放矢，明确下一步工作方向，才有利于推动消防监督执法往更高水平发展。

近年来，随着综合执法改革的推进、委托执法制度的完善，消防监督执法领域在不断探索推进，取得了一定的效果，但是仍然比较有限。这既有宏观方面的原因，也有微观上的原因。综合执法改革、委托执法仍在继续向前推进发展，在消防监督执法领域，消防救援部门如何才能把握发展方向，做到循序渐进，有序推进消防执法改革，是当前需要思考的问题。结合现实，不妨考虑这样的思路：先在消防委托执法方面发力，再在综合执法方面推进。当然，消防委托执法为先，并不是停止综合执法领域的探索推进。委托执法与综合执法存在硬件与软件的交集，待硬件与软件成熟，在充分论证的基础上，再考虑是否可以由委托执法转向综合执法。对综合执法来说，其在相应领域取得了良好的效果，消防监督执法也具有自身特点，有必要进一步研究。对委托执法来说，其实践可操作性强，不难发现，2021年新修订的《行政处罚法》对被委托组织的限定放宽了，不再局限于"管理公共事务的事业组织"，而是更改为"具有管理公共事务职能"的表述，这样，被委托的空间更大了，实施的路径更宽了。此外，它还对被委托的执法人员增加了行政执法资格的要求，这其实是对委托执法的规范，有助于委托执法的规范化、法治化。因此，要充分利用契机，多探索实践，推动消防基层治理取得实效。

---

① 《消防法》第五十三条规定："消防救援机构应当对机关、团体、企业、事业等单位遵守消防法律、法规的情况依法进行监督检查。公安派出所可以负责日常消防监督检查、开展消防宣传教育，具体办法由国务院公安部门规定。消防救援机构、公安派出所的工作人员进行消防监督检查，应当出示证件。"

第三节　消防基层治理的拓展及深化

一、消防基层治理的现代理念

传统的消防网格化管理思维与做法已不合时宜，其弊端已经凸显，造就了消防基层网格化管理工作似乎停留在瓶颈地带，不仅对于基层网格管理人员，甚至上级工作部署层面都能体会到当前消防网格化管理的进退两难。要破解消防网格化管理难题，需要从思维入手，更新运用消防网格化治理理念，具体从以下三方面展开。

第一，摒弃传统消防网格化管理思维模式。传统的或者旧的消防网格化管理思维具有较浓的行政化管理气息，需要"自上而下"逐一梳理且去之，去除行政化管理的浓厚色彩。首先要从网格化工作部署层面开始转变；其次是地方相关部门，地方相关部门包含行业主管部门；最后是基层消防网格端，"自上而下"塑造消防网格化治理理念。第二，实现"管理"向"治理"的转型发展。"管理"与"治理"虽一字之差，实则千差万别。"管理"强调、侧重"管"，管的同时容易提高行政成本，效益比不上治理，"治理"强调、侧重"治"，治则牵动所有主体参与，形成合力，且对症下药、靶向处理，无论是从治理的字面意思，还是从治理的内涵，抑或是治理背后隐含的深意来看，"治理"的生命力远远超过"管理"。第三，坚持治理理念与治理实践的结合。理论指导实践，理念指引行动。要将治理理念与治理实践融合，不仅要秉持与坚持，更要杜绝口头"治理"，实践"管理"现象。同时，要厘清管理与治理的适用场景，还要在通知文件书面应用的时候注意区分使用，管理执法主体监督检查执法领域强调的是管理，而在需要管理对象及关联主体参与共治的场景下，则使用治理。

现代治理理念必然给消防基层治理工作注入新的活力，现代治理理念与现代治理实践是多元性的，其内涵极为丰富。

一方面，多元治理强调多主体协同治理。"自治主体和官治主体在一种自由合意的隐性契约关系上形成了治理共同体。"[①] 由此，消防网格治理主体中的乡镇（街道）、村居、居民楼院、村组、社会单位场所、居民群众都是消防基层治理的主体，其都可以扮演消防治理的角色，乡镇（街道）对辖区内场所实施消防监督管理，村居、居民楼院、村组同样是在消除火灾隐患与制止消防不安全行为方面发挥作用，社会单位场所、居民群众发挥积极性与主动性，实现自我管理与相互督促提醒，上述各主体协作共治火灾隐患，协作共治消防素质不高等问题，聚力发挥治理作用。"依据现代治理理论的逻辑阐释，'善治'模式的架构即是政府、市场、社会的三级互动合作共治。"[②] 因此，要达到"善治"效果，还要发挥市场作用，整合社会资源，促进消防网格共治，实现消防基层网格治理效能的最大化。市场在基层消防治理方面的作用也不容忽视，通过市场的调节作用提高消防服务机构的专业能力，通过购买消防服务、发挥市场主体的社会责任感等方式，让市场主体参与到基层消防治理中。

另一方面，多元治理囊括治理方式的多元性。因此，现代治理理念要求消防治理方式更新升级。在风险社会背景下，要达到消防基层治理的最佳状态，除了"自治"外，还有其他治理内涵，也就是"人治""法治""文治"。"'三治'结合，打造群防群治行为模式"[③]，可见"人治""法治""文治"，符合共治的多元需求。"自治"是立足于主

---

① 师容. 新时代"枫桥经验"在城市基层社会治理中的适用研究［J］. 天津行政学院学报，2020（1）：87-95.

② 张兴华. 问题与对策：当代中国国家治理研究［M］. 北京：中国社会科学出版社，2017：217.

③ 胡安雄. 易地扶贫搬迁安置社区消防安全实证研究［J］. 中国消防，2021（10）：51-53.

体责任来解释的，它强调的是自身主动性与积极性方面，"自治"是近年我们一直在关注与努力的，如果将人治理解为广义上的"他人之治"与"自我之治"，则"自治"实际上是属于人治的范畴。"人治""自治""法治""文治"相结合，运用到消防基层治理中，是比较全面的，而且具有长远性。将上述治理内涵方式加以运用，在相互融合的同时，要注重其梯次性。"人治""自治"是基础，"法治"是保障，"文治"是目标。"人治"与防火领域中常说的"人防物防技防"中的"人防"具有一致性，"人治"是基层消防治理的基础，一直以来，都是人在发挥着作用，无论是对哪个治理主体而言，还是说某个主体对其他主体；"法治"是规则之治，在法治视野下，法律具有强制执行力，最具警示震慑力，所有的治理主体在法治环境下行使治理行为，能够制止与惩戒消防违法犯罪行为；"文治"则是根据实地做出的关于消防安全方面的文化浸润与道德熏陶，对于乡镇（街道）、村居、居民楼院、村组、社会单位场所、居民群众等，将实现更高层面的治理，这与前一章关于消防管理安全本质化中的消防管理文化的建设一脉相承。

二、公安派出所的消防监督管理

改革期间，消防救援队伍隶属关系发生变化，相关部门消防职责有所调整，一系列制度亟待明确与解决。在消防网格治理领域，公安派出所消防监督管理问题历来是重点关注的问题，也是2018年消防改革后亟待解决的难题。"毋庸置疑，公安派出所在消防监督管理领域被赋予较大期望值，然而现实却不尽如人意，公安派出所作为消防行政监督执法主体未能发挥其应有功能。"[①] 无论是新修正的《消防法》，还是修订前的《消防法》，均将消防监督管理的职责赋予消防救援部门与公安派

---

① 张华. 以行政授权立法为视角论公安派出所消防行政处罚权 [C] //公安部消防局, 全国标准化技术委员会. 全国优秀消防法治论文集: 2013. 北京: 国家行政学院出版社, 2014: 9.

出所。但法律条文中的"可以"一词容易成为公安派出所推脱消防监督管理工作的"依据"与"理由",现今公安派出所消防监督管理工作并无改观。尤其是消防改革转隶后,消防监督管理职责的划转,与原先配套的行政处罚工作也因改革转隶发生了变化,在行政拘留处罚方面的衔接面临着更大挑战。

  2021年新修订的《消防法》依旧规定了公安派出所可以负责日常消防监督检查。这里需要提及一个理论,即"路径依赖"(path dependence)理论。"路径依赖"理论,也称"路径依赖性",是指社会组织在选择了某个运行机制后,会由于规模经济、学习曲线等多种因素的影响,在制度变革的过程中,沿着最初选定的方向进行不断强化。① 制度变迁方面,制度运行过程中具有较为明显的路径依赖倾向,当前阶段的制度受到上个阶段制度选择的影响,并且当前制度影响着下一时期的制度选择。在历史制度主义领域,保罗·皮尔森成功地用路径依赖理论分析制度变迁,他分析了路径依赖的运作机理,他认为:"路径依赖在解释制度出现、维系和变革模式上的作用对政治科学家有着特别重要的意义。"② 纵观我国消防发展历史,在当初面对外敌火攻、纵火、空袭破坏等情况下,消防与军警存在深厚的历史渊源,即便是现在公安派出所消防监督管理权的赋予,也可以用路径依赖理论来解释。路径依赖和制度创新同属于制度变迁的范畴,制度变迁中存在关键节点。③ 在2018

---

① 诺斯通过创新把技术变迁的过程应用到制度变迁中,用"路径依赖"理念来说明过去的行为对未来产生的影响,证明了在制度变迁过程中若选择其中一种制度,受该制度指导的方向影响,使其形成自我强化。
② 新制度主义政治学译文精选[M]. 何俊志,任军峰,朱德米,编译. 天津:天津人民出版社,2007:200.
③ 用保罗·皮尔森(Paul Pierson)的话说,节点是"关键的",这是因为它们使制度安排步入正轨,而制度步入正轨后是很难被改变的。对历史制度主义者而言,路径依赖是一种至关重要的因果机制,而关键节点构成了许多路径依赖过程的起点。参见卡波奇,凯莱曼. 关键节点研究:历史制度主义中的理论、叙事和反事实分析[J]. 彭号阳,刘义强,译. 国外理论动态,2017(2):14-28.

年的国家机构改革中,公安消防部队、武警森林部队退出现役,成建制划归应急管理部,组建国家综合性消防救援队伍。这是适应新时代发展的需要,由此迈向现代化之路。

那么,在当前阶段,赋予公安派出所消防行政监督管理执法权责是否还有必要?本书认为,在当前阶段,在消防治理基层单元(消防所)还未形成全覆盖之前,赋予公安派出所消防监督管理执法权责还存在必要性,原因在于以下三方面。

一是安全类共同属性的因素。治安、消防、刑事均属于公共安全范畴,关乎公众安全,在公安部门执法人员实施上述其中一项现场检查时,往往能够附带出现其他项目,如检查治安情况时,能够发现一系列火灾隐患,无论是检查出租屋、旅馆、小作坊的场所和人员,还是歌舞娱乐场所的库室、舞台、表演项目等的安全防范。在这种情况下,安全是不能拖延的,除非是联合执法,消防救援部门等消防监督执法部门能够当场进行处理,要不然由公安派出所执法人员当即采取相应执法措施处理是最佳方式。

二是对于《消防法》的正确解读。《消防法》并不是仅仅由消防救援部门贯彻实施的法,而是多部门共同贯彻实施的法,再者,消防工作原则中也明确了部门依法监管的原则。其实,对"部门依法监管"的理解不能太局限,包括行业部门主管部门在内,都要对系统内行业履行消防监督管理的职责,公安派出所消防监督检查权不随消防救援部门转隶而过时,因此,在当前乃至未来一段时期仍有明确的必要。

三是基于现实考虑的需要。公安派出所点多、面广,在消防监督管理方面具有历史传承、客观优势,人民生命财产安全高于一切,消防安全工作容不得半点马虎,在结合消防基层主体自治与柔性监管的同时,对于消防违法行为应当采取刚性执法措施,公安派出所消防监督管理有利于充实消防基层网格治理主体,合力督促社会主体履行消防安全责任。现实表明,公安派出所在打击消防违法违规行为方面效果明显。

三、消防治理基层单元的发展

近年兴起的"全科大网格",梳理整合了政法、生态环境、卫生健康、应急管理、市场监管、城市管理等网格职能,把不同部门的网格合并为一张网,以此进行综合治理。全科网格是基于基层需求现状做出的行政资源整合与配置,在市场经济环境下,政府需要考虑对各种资源要素合理地进行组织,达到市场和政府的双重"契合",以实现资源配置方式往更高层次变革。从当前实践考量全科网格与消防网格的关系,不外乎是涵括关系与并列关系。涵括关系中,消防网格纳入全科网格范畴,属于全科网格中的子网格,当然,部分地区将消防网格纳入"应急管理"子网格中;并列关系中,分为相容的并列关系与不相容的并列关系,相容即存在重叠融合之处,不相容的并列关系则是消防网格另起炉灶,不纳入全科网格中,而是作为一个独立网格运行。无论是全科网格还是消防网格,都是基于城市精细化治理提出的网格治理模式,以提升城市治理水平和治理能力,应对快速城市化进程中日益增多的社会矛盾,回应公众服务需求。

现实中,各地都会陷入是否将消防网格纳入全科网格的困惑,由于行政职能与责任划归的博弈,实践做法各地不一。但无论如何,消防网格化治理成为时代发展的必然趋势,着眼于消防网格治理效能,可以通过这些做法来实现:以辩证的观点观之,就现阶段而言,根据当地实际考虑消防网格是否融入全科网格,消防网格成熟完善的地区可以继续坚持消防网格的独立运行;在一些发达地区,大数据硬件软件建设已完善,数字治理推行快捷,具有大量的网格员、资金投入,可以直接采取全科网格做法;在欠发达地区或者是农村区域,数字治理尚处于起步发展甚至空白阶段,则适宜采取过渡做法,待条件成熟再并入全科网格。此外,精细化治理要避免陷入过度治理、精细化管控倾向,"基于技术治理导向的研究,本质上也没有脱离部门化、碎片化治理格局,毕竟在技术手段支持下，呈现过度治理、精细化管控倾向，难以应对多样化、个性化的公众服务需求。"① 此时，要实现组织、流程再造，以应对治理碎片化、重复化、管控化难题，则是下一步亟须深入思考与研究的论题。

在理顺全科网格与消防网格关系后，我们将要关注消防治理基层单元的发展。由于之前队伍性质、人员编制等因素，消防救援站是国家综合性消防救援队伍的最基层。面向未来，要加强多种形式消防队伍建设，推进多元应急救援力量发展。近年来，全国各地在推进基层消防救援队伍建设发展，取得了一定成效，形成了有明确机构与人员的实体化机构，包括机构性质、人员编制、机构与人员的级别等，当然，各地名称不一样，如消防救援分局、消防所、消防救援所、消防服务所、消防指导服务中心、消防工作站等。基层消防治理单元的发展推动极具前瞻性。

接下来，在进一步推动建设发展的同时，要思考如何让消防治理基层单元发挥实效。对于基层治理的消防所来说，在放管服改革的推动下，通过简政放权、放管结合、优化服务，将必要的行政检查权、行政处罚权下放至基层治理的消防所，这与网格治理主体的治理权限赋予具有异曲同工之处。我国地广人多，当前消防救援力量与现实需求存在不匹配现象，推进消防治理基层单元的建设发展十分必要，它是打通消防基层治理"最后一公里"的重要环节。前面所说的赋予公安派出所消防监督管理执法权责，与消防救援部门的消防监督管理并不矛盾，公安部门与消防救援部门本身是行政协作、行刑协作关系，与公安派出所与消防治理基层单元的关系也并不矛盾。待消防治理基层单元全覆盖后，或许公安派出所的消防监督管理权责发生变化的时机也就成熟了，那时

---

① 邵青，周鸿勇．无缝隙政府：城市精细化治理研究的新视角［J］．学习与实践，2020（5）：42-48．

候，消防基层治理单元与公安派出所的职责应当会更加明晰，同时，基层消防所与公安派出所之间的联系也会更加密切，相互协作程度将会更高，共同致力于维护基层公共安全，消除危险因素，让人民群众更有安全感。

四、打造共建共治共享的格局

中共十九届四中全会明确提出，要坚持和完善共建共治共享的社会治理制度。社会治理是国家治理体系和治理能力建设的重要组成部分，社会矛盾的变化推动社会治理理念和治理方式的转变，建设人人有责、人人尽责、人人享有的社会治理共同体是新时代背景下国家对社会治理规律认识的再深化和创新思考。"要加强和创新基层社会治理，使每个社会细胞都健康活跃，将矛盾纠纷化解在基层，将和谐稳定创建在基层。"① 消防网格化治理是基层网格治理的重要内容，现代社会将数字治理元素注入基层网格治理，消防网格化管理必将向消防网格化治理转变。构建现代化治理模式，应当实现消防网格治理方式由追逐型向预防型转变，要合理界定消防网格主体治理权限，将"服务治理"付诸实践，实现消防服务与监督管理并举、并重，打造共建共治共享的格局。

消防网格化治理主体权限的赋予与制约监督是基层网格化治理内容的关键部分。权责配置的首要原则是权力与职责一致原则，正所谓没有无权力的责任，也没有无责任的权力，权责一致是法治国家、法治政府建设的基本需要。权责一致的原则，要求在消防基层网格治理中做到以下两方面。

一方面，要分类别确立消防网格治理主体的治理权限。对于乡镇、街道网格人员，其本身具有行政执法主体资格，在取得相应行政执法资格证的前提下，赋予其部分消防监督管理权限；对于社区、村居网格工

---

① 习近平. 习近平谈治国理政：第 4 卷［M］. 北京：外文出版社，2022：338.

作人员，依托社区规范、村民自治章程和村规民约这些体现共同意志的"软法"，赋予其管理消防事务的相应治理权限；对于社会市场主体，依据相应的协议约定履行其消防管理与服务职责；对于居民群众，在符合法律法规规定范围内，在保障其合法权益的基础上，最大限度扩大其参与消防安全事务治理的自由即可。总之，目的是充分发挥人民群众的积极性、主动性，筑牢群防群治防线。我国具备特有的体制制度优势，外国是无法跟我国比的，这从国外发生的山火案例等可以看出来。

另一方面，要科学界定各消防网格治理主体的权限范围与幅度。对于乡镇（街道）、村居、居民楼院、村组、社会单位场所、居民群众等治理主体，可以结合本地实际，根据其负责的范围以及本身能够具备的治理能力，赋予其相对应的治理权限范围。实践中，全国基层网格辐射范围内均在推行微型消防站建设，立足"防"与"灭"，依托本单位场所人员、资金建立运作的网格实体，单位、社区、乡镇、企业等微型消防站，虽然仍然存在不少需要解决完善的问题，但是如果能够运作起来，作用不容忽视。新自由主义的风险治理形式是通过"自我"和（他们认为）有责任感的人的负责任和谨慎的选择跟行动来进行治理。[①] 微型消防站主要负责本区域、本范围内的事项，如果单凭"行政式"命令，则收效甚微，因为该网格实体本无跨领域范围履行职责的义务，所以对其跨区域跨单位场所开展"防""灭"事项可以从社会责任方面切入。

如前所述，治理理念的转变是第一步，治理方向是后续需要努力的方向，创新促进消防网格治理方向转变，具体可以从以下几方面着手。

第一，消防网格治理方式由实现单一化向多元化转变。消防网格治理的多元共治在前面已经有所论述，在此不再赘述。

---

① DEAN M. Risk: Calculable and Incalculable [M] //LUPTON D. Risk and Sociocultural Theory: New Directions and Perspectives. Cambridge: Cambridge University Press, 1999: 133.

第二,实现消防网格治理由追逐型向预防型转变。当前,基层消防网格治理中,在出现了火灾隐患或者消防违法违规行为后,才予以处理的"事后处理"方式,容易遗留诸多问题与难题。需要将治理手段的介入前移,着重向预防型治理转变。预防型治理方式的提前介入,并非需要强制性的管理手段方式,以充分协商、沟通、交流的方式即可,"在这种协商和交流的过程中,增加公众对于风险的感知和预测能力,使公众在面对风险时,更能从容应对,将风险规制中的不确定性因素降到最低"[①]。

第三,实现消防服务与监督管理并重的转变。随着服务型政府、有限政府建设的提出,在消防网格治理中,消防服务事项地位明显提升。消防服务缺失,治理对象的消防安全需求、诉求就无法得到保障,消防网格治理的初衷也就无法达成。因此,一方面,要将消防服务意识与实践同消防监督管理并举、并重,以体现治理对象需求诉求精神的"服务"与以体现行政管理权威的"监督管理"冲抵,使消防网格治理达到最佳状态。另一方面,要将"服务治理"运用到具体治理实践。此时,"服务治理"的概念便应运而生。针对居民群众最简单、最朴实的需求,创造性提出"简易消防检查""简易火灾扑救""简易疏散逃生"并提供宣传培训服务,通过树立"服务治理"意识,不断改进消防服务方式方法,提高消防服务效率,满足居民群众对消防安全的需求与诉求,从而提升服务治理的有效性和满意度。

---

① 张微林. 风险治理过程中的法律规制模式转型 [J]. 科技与法律,2012(6):15-20.

第四章

以公共关系学原理为基础的消防公共关系

第一节 公共关系学与消防宣传教育

一、公共关系学的一般原理

（一）公共关系的含义

"公共关系"一词源自英文的"Public Relations"，Public 意为"公共的""公开的""公众的"，Relations 即"关系"，两词合起来用中文表述便是"公共关系"，也可译为"公众关系"，简称"PR"或"公关"。"公共关系"一词的首次出现，发生在 1807 年美国总统托马斯·杰斐逊的国会演说中，其实，公共关系的思想与实践早在我国古代就有相关记载，只不过没有用公共关系来命名并予以解释。现代意义上的公共关系，随其发展，由于认识角度不同，不同的人对公共关系内涵的理解各不相同，于是就形成了不同的公共关系的定义。

关于公共关系的定义，比较典型的是管理职能说、传播沟通说、特定关系说。"管理职能说"这类定义把公共关系看作一种管理职能，詹姆斯·格鲁尼格（James Grunig）是美国公共关系领域管理学派的领军人物，他主持的"卓越公共关系"课题是世界范围内迄今最深入、成果最丰硕的研究项目，他认为，公共关系是一个组织与其公众（publics）之间的传播管理。他的定义是把公共关系与传播管理等同并论，他认为，公共关系（或传播管理）包含的内容比传播技巧更广泛，也比媒介关系、宣传等专项公共关系更广泛，公共关系（或传播管理）描述的是一个组织与其内外部公众——那些影响到组织达成其目标的能力的群体之间的总体传播行为的规划、实施和评估。[①]"传播沟通说"对公共关系的定义侧重于强调公共关系的传播属性。英国著名公共关系学者弗兰克·杰夫金斯（Frank Jefkins）认为："公共关系由一个组织和它的公众之间为了达到事关相互理解的特定目标，在组织外部和内部进行的全部信息传播方式所组成。"[②] 他对公共关系的定义融合了英国公共关系协会的定义与目标管理方法。"特定关系说"认为，真正体现公共关系的本质属性的是"关系"，公共关系是一种特定的社会关系，正确认识与处理公众关系是公共关系实践的出发点和归宿。艾维·李（Ivy Lee）是公共关系职业的创始人之一，被称为"现代公共关系之父"，他以通俗的观点表达了对公共关系的理解，公共关系意味着组织和公众之间的实质联系，这种联系不仅包括如何说，也包括如何做。

其实，管理职能说、传播沟通说、特定关系说都是从不同的侧重点对公共关系进行的理解，公共关系的应用是广泛的，在不同的行业领域具有不同的应用功能，虽然不同的行业领域关注的点不同，但是不管如何，从公共关系本身的含义来说，"沟通""传播""关系"等词原本就是公共关系的内在包含的。不论是其字面意思还是其实际意思基本上都是一致的，都是指组织机构与公众环境之间的沟通与传播关系。其实，我们可以与主体、关系、职能、功能等方面综合起来，对公共关系

---

① 格鲁尼格，等.卓越公共关系与传播管理［M］.卫五名，等译.北京：北京大学出版社，2008：4.
② 杰夫金斯.公共关系［M］.陆震，译.兰州：甘肃人民出版社，1989：2.

的含义进行理解，这样才比较全面，至于需要在哪个应用场景下应用，则可以再次对它的含义进行针对性分解，从而让应用具有不同的侧重点。因此，本书对公共关系的定义是：公共关系是指在特定的组织，以传播和沟通为基本渠道，在其与社会公众之间进行关系管理，从而建立畅通的交流、客观的理解、真诚的认可与互助互惠的协同。在这一过程中，组织要立足于自身，维持、促进或改善与社会公众的关系，增加公众对组织的认识、理解及支持，而组织对于公众关系的决策做出，又必须以公众的需求为考虑因素，对特定组织而言，它就是在从事这样的公共关系管理活动。

（二）公共关系学在我国的发展

对公共关系来说，公共关系学是一门学科。随着公共关系在社会生产生活中的广泛应用，人们对公共关系的研究加深，公共关系发展成为一门学科，在现代社会，公共关系学应用性非常强，公共关系学建立在传播学、管理学、行为科学三大学科基础之上，主要研究社会组织公共关系状态和活动的基本规律及一般方法的科学。作为新兴的、应用性很强的学科，公共关系学在理论学科范畴上还是个具有综合性、交叉性的学科，涉及的学科有哲学、社会学、政治学、经济学、传播学、管理学、营销学、心理学、伦理学等。

20世纪80年代，伴随着我国改革开放，公共关系这一门新兴学科传入中国，最初是在社会企业组织中得到了广泛应用。80年代中期，随着对公共关系学的研究与应用，从公关职业到行业协会，学术研究到学科教育，我国公共关系事业走向了职业化、学科化。90年代，我国公共关系事业开始走向更加职业化、专业化的阶段，公共关系走向了各行各业。随着我国加快公共关系学科建设和专业教育，机关单位、社会组织、社会企业等诸多部门越来越重视运用公共关系来保障和促进自身发展，社会公众对公共关系也有了越来越多的认识。但是，总体来说，即便是在外国，公共关系理论的研究历史也不是很长，而在我国，公共关系学依然处在初始的发展阶段，不过，它的发展前景十分广阔。

（三）对公共关系学的理解

在公共关系学领域，按照社会组织与相关公众之间联系的程度、互动的性质与形态，我们可以将组织与公众之间的关系模型分为四种：理想型、安全型、原始型、危机型。如果以组织在社会中的知名程度，以及公众对组织的评价来作为衡量标准，则大致可以这样认为：理想型是高知名度、高美誉度，安全型是低知名度、高美誉度，原始型是低知名度、低美誉度，危机型是高知名度、低美誉度。这种划分应用对政府部门组织与社会公众之间的公共关系来说，显得比较直观。如果某个政府部门机构在社会中享有高知名度，同时获得公众的评价属于高层次，那么，这种公共关系就是理想型的；反之，如果某个政府部门机构在社会公众中知名度高，但是社会公众对其评价低，那么这种公共关系就处于危机状态，亟须扭转局面。当然，这些只是大致划分，对部分政府部门机构来说，社会公众对它的评价（好与不好）参半，这个时候的公共关系就处于两种模型之间的临界点，但需要引起重视，防止其往不良的方向发展。

对于公共关系学，容易被披上功利主义的色彩。被誉为"美国传播学界先驱之一"的沃尔特·李普曼（Walter Lippmann），在1922年出版的《舆论》一书中指出，"公关人员既是审查者，也是宣传家，他们只对自己的雇主负责。只有在整个事实真相符合雇主对自身利益的考量的时候，他们才会选择将其公之于众"，"公关行业的蓬勃发展清晰地表明，现代生活的种种真相不会自动发展为可知的状态，这项工作必须由人来完成……"① 而在现代社会，公共关系作为一种学科，公关作为一个职业，在其发展初期，由于不良企业对公共关系的歪曲利用，公众

---

① 李普曼. 舆论[M]. 常江, 肖寒, 译. 北京：北京大学出版社, 2018：269.

对公共关系产生误解,这对公共关系事业的发展很不利。此外,在公共关系领域,强调了维护组织的良好形象,这也容易被曲解,给人感觉是仅仅立足于维护组织利益,这在企业领域的公关活动中比较明显。

但是,我国的制度不同于西方,公共关系学在我国的应用也不再局限于企业组织,它可以在行政组织、事业组织、社会团体组织等广泛应用,如果再给公共关系学披上功利主义的色彩,那么这种理解就显得狭隘。政府部门机构组织与社会公众之间的公共关系是我们现在要探讨的重点。政府部门机构公共关系是以政府部门机构为中心结点的公共关系网络。在这个关系网络中,处于中心位置的是政府部门机构,而它与社会公众之间的网络关系的协调和实现,有赖于一种价值取向,这个价值取向就是"公共利益"。政府部门机构以社会公众的需求作为基本立足点,以公共利益作为价值导向,从而在其与社会公众之间建立互动关系。在我国,"公共利益"就成为政府部门机构公共关系要坚持的价值取向。

二、消防宣传教育的新内涵

(一) 消防宣传教育的现状

都说消防工作宣传系于一半,可见消防宣传工作的重要性。讲到消防宣传,首先想到的是消防安全知识的宣传教育,通过消防救援部门向社会组织、个人讲授消防安全基本常识,让社会责任主体、普通老百姓知道火灾的危害性,掌握基本的消防安全常识,在发生火灾的时候能够逃生自救。消防宣传教育往往与消防安全培训结合在一起,因为初期火灾扑救、火灾逃生自救都是实操性行为,所以要通过消防培训让社会责任主体、普通老百姓掌握最基础的消防操作技能,就是人们常说的消防宣传教育培训。这便是消防宣传教育的传统定义。

当然,消防宣传教育不能简单地等同于单纯的消防宣传教育,也不能简单地理解为消防救援队伍的形象树立、形象宣传。近年，随着国民素质的提升，消防安全知识的普及得到了极大的发展，加上消防救援部门的不断推动，消防宣传教育工作在之前的基础上有了较大提升，消防宣传教育工作得到了跨越式发展。在当前网络社会时代，建立网络型宣传矩阵，注重统一性与多样性的结合。特别是改革转隶后，消防救援队伍的先进典型培树，对队伍的形象宣传更加注重。在实际工作中，各地区的消防救援部门还立足于当地实际，按照场所的不同、行业人员从业的分类、人群的差异，提出了针对性的消防宣传教育培训目标与精准推送的策略。

我国人口众多，各地地形地貌差异性很大，要在全国范围内提升全民消防安全素质，的确不是那么容易的事。改制前消防监督执法与消防救援公众形象的反差，现代高度发达的信息媒体的传播催化和舆论影响，对消防救援部门而言是把双刃剑。时代在发展，消防宣传如果不能跟随时代的发展变化，将会落伍，而消防宣传如果不能把握宣传教育的核心，又将不能聚焦。改革转制后，部分消防宣传人员缺乏理论引导，对消防宣传工作存在思维误区，甚至存在工作抵触情绪，这对消防宣传工作发展十分不利。长期以来，在消防行业领域，我们似乎没有应用某种理论或理念去指导消防宣传教育工作，对媒体传播学的重视程度与实际应用似乎更为突出，在这种情况下，对于消防安全宣传教育培训的理解将会停留在比较局限的范围内。在新时代，消防宣传理念指导的不足，将会阻碍消防宣传教育往更广阔的空间发展。

（二）消防宣传教育的发展

消防改革改制后，在消防宣传教育方面进行的系列探索很多具有划时代意义，之前消防部门宣教中心建设的提出，乃至近年消防全媒体中心的建设，均是有益探索。① 其实，近年的发展实践，显现了公共关系

---

① 全国消防宣传工作会议召开 [EB/OL]. 澎湃网，2020-12-12.

的发展特征。如果能在公共关系学范畴内拓展相应的事项,如将防火宣传、法治宣传与队伍宣传融合,往宣传文化交融发展,将危机事件管理置于制度机制构建范围内,将全民参与共治和宣传教育相融合,消防宣传教育的内涵就会往更广、更深的领域推进。

一直以来,虽然消防救援部门负责消防宣传的内设部门未曾以与"公共关系"有关的名称命名,但是消防宣传部门负责的工作始终离不开公共关系的范畴。特别是,我国进入新时代后,消防宣传工作面临的挑战越来越大了。单纯性的消防宣传教育固然没错,因为全民整体素质有待于持续提升,这也是我们消防宣传工作要长期坚持的,但如果仅仅依靠消防宣传教育培训,不能在更深层次的方位拓展,就不能适应时代的发展要求。通过找准目标,聚焦目标,将所有发力的点聚力于目标,这样就能够防止由方式手段的多样化而造成的杂乱、不成体系。此时,在一个理论学科的范畴内找到指导性理念来指引工作开展是一个不错的选择,公共关系学具备传播学、管理学、关系学等多学科,可以说,公共关系学最适合。

消防宣传教育的发展是始终的,消防宣传教育部门将更加具备专业性,消防宣传教育工作也将更规范化、系统化。新时代要求消防救援部门负责消防宣传教育的内设部门将宣传教育、新闻媒体、公众关系、危机管理等内容包括在内,构建消防救援部门与社会公众之间的良好关系,其中也包含媒体在内的主体关系,但最根本的还是要以社会公众为中心,以公众的需求为出发点,立足于公共利益,这就是当前消防宣传教育的发展内涵。在一个较为完善的理论体系指导下,来解释及应用在消防救援部门与诸多对象的关系界定与处理,让公共关系学原理在消防宣传教育方面的应有功能充分发挥作用,从而适应消防体制改革发展的新时代要求。

(三) 消防公共关系的提出

公共关系学原理下,在消防领域,可以用消防公共关系来定义消防救援部门的公共关系。所谓消防公共关系，就是消防救援部门为了发动社会公众参与消防共治，维护消防安全持续稳定，基于提升全民消防安全素质，实现全民消防，通过传播沟通的方式协调和建立与社会公众之间的关系，塑造消防救援队伍良好形象，使社会公众理解、认可、支持消防工作。消防公共关系的概念富有概括性，它起码可以划分为三方面：一是消防公共关系是消防救援部门与社会公众之间的关系，主体比较明确，"社会公众"是一个统称概念，可以是社会组织与个人，这种关系是一种客观存在的状态；二是消防公共关系是消防救援部门采取的有方向性的维持与改善关系的管理活动；三是消防公共关系立足于公共利益，这从"与社会公众进行消防共治，维护消防安全持续稳定，提升全民消防安全素质，实现全民消防"中可以体现。

　　消防改革转制之后，将坚持纪律部队建设标准，实行严明的纪律，用铁的纪律打造铁的队伍。消防救援队伍特有的队伍管理性质，在与社会公众的关系处理上，具有其相应的特殊性。消防救援队伍救民于水火，助民于危难，作为同老百姓贴得最近、联系最紧的队伍，有警必出、闻警即动，奋战在人民群众最需要的地方；消防救援队伍是人民的忠诚卫士。这些都反映出消防救援队伍与人民的关系。消防公共关系的提出，旨在推动与确保由人民的队伍组成的消防救援部门，将始终以社会公众的需求为中心，进而构建两者之间的和谐互动关系。消防公共关系主要有三个特征。第一，交互沟通。消防救援部门与社会公众，以及媒体中介之间，通过双向沟通，为两者之间更好地了解、理解与支持对方打下坚实基础，这有待于沟通的广度与深度。第二，协调互惠。消防救援部门与社会公众，以及媒体中介之间，通过有效协调进行互助，提升全民消防安全素质，惠及公众，促进媒体中介作用的发挥，以及促进消防救援部门履职尽职。第三，公众参与。消防救援部门将更加有效地发动社会公众参与社会消防治理，发挥人民群众的积极性与主动性，将消防自治转化为内在的习惯和行为规范，发挥群防群治的作用，将消防共治的参与范围最大化,实现全民消防。

三、消防领域公共关系建设

(一) 消防公共关系建设的必要性

第一,消防公共关系是消防宣传教育拓展深化的方向。消防宣传教育承担了重要的使命,一直发挥着至关重要的作用,要使消防宣传教育的作用最大化,就对消防宣传教育的内涵进一步拓展深化。消防宣传教育是一门职业技术,可以融合多学科的内容,如果能够在其范围内找到适当的理论、理念或原理的指引,则可以消除众多难题,比如,解决部分基层消防宣传人员对于消防宣传理念的理解偏差与思维迷茫问题。因此,在公共关系学原理基础上,明确解析与拓展消防宣传教育内涵,具有重要意义。

第二,公共关系原理的涵括性能够在消防领域产生适用性。公共关系学在诸多领域的广泛应用,对社会生产生活产生了很大的促进作用。消防宣传教育的要素,与公共关系学视野下的要素具有相通性。消防宣传教育是发生在消防救援部门与社会不同的组织、个人之间,并且当前信息技术的发展、媒体时代的繁荣,让媒体中介成了消防宣传教育过程中必不可少的渠道。因此,无论从主体,还是从处理的关系内容来说,用公共关系学原理来解释与指导消防宣传教育都是恰当的。

第三,消防公共关系的提出与建设符合新时代的发展需求。随着社会的发展,不同的主体会产生不同的、多样化的需求,这不排除矛盾的产生,而消防救援部门也会基于本身的职责使命,朝着提高全民消防安全素质与维护社会消防安全形势持续稳定做出努力,这就产生了处理复杂关系的需要。改革转制后,消防救援队伍承担的职责使命更加艰巨,一系列配套的理念、制度、机制应当跟上,才能朝着现代化方向发展。消防公共关系建设顺应时代发展新趋势,这符合现代化发展的思路。

(二) 消防公共关系建设的目标

消防公共关系的提出与建设，最基本的是建立一支能够负责消防公共关系领域的队伍，促使消防宣传教育转型发展，在处理消防救援部门与其他社会组织、个人之间的关系上显得专业，不拖沓、不外行。消防公共关系的建设将朝着专业性、系统性、规范性的方向建设，这就需要一支高素质的队伍去完成。专业化、职业化的消防公共关系队伍，在消防宣传教育方面有很大的施展空间，能够应对新形势下的危机事件、舆论事件，从更深层次的面进行透视，为提升全民的消防安全素质提供全方位的视角。消防公共关系以满足社会公众的需求为出发点，社会公众对消防知识、消防技能的掌握，对消防事务的关切，对消防事业的发展期待等，都可以作为消防公共关系处理的切入点。消防公共关系又是一门消除误解、化解矛盾和树立消防救援队伍形象的艺术，从而能够避免和减少不必要的社会危害与负担，促进社会稳定、和谐。

如前所述，消防公共关系的定义表明了要提升全民消防安全素质，实现全民消防。消防公共关系着力调动社会公众的积极性与主动性，发挥多元共治的优势，让社会公众参与互动，在社会生产生活中完成力所能及的防火与灭火行为。消防公共关系促进社会消防共治网络的有序性，旨在协调和实现整个关系网络的共同发展。消防公共关系中提出的消防救援部门公共关系理念的树立，职能的拓展和角色的转换，带动社会公众参与社会消防安全治理，促进消防文化互动共鸣，始终从公共利益出发，提升社会公众消防法制教育水平与提高全民消防安全素质。所以说，这就是"全民皆消防"的思想。

(三) 消防公共关系建设的思路

社会公众掌握、获取消防知识技能、消防关切，即有获得感；社会公众参与力所能及的消防共治、扑灭初期火灾与救人时的自豪感，即有幸福感；社会公众在安全的环境中工作、学习、生活，即有安全感。基于公共关系原理适用与应用的广泛性,加上消防救援队伍多年在消防宣传教育的实践,探索消防公共关系的建设,实现消防宣传教育的拓展深化,应当说不存在很大的障碍。消防公共关系是关于消防救援部门与社会公众之间的关系学,消防公共关系的建设始终围绕上述主体之间的关系做文章。消防公共关系的建设思路具体可以从以下几方面展开。

一是消防公共关系思维的塑造。消防救援部门改革转制前属于部队,改革过渡期间仍然面临诸多需要解决的难题,这些难题需要一步一步攻克,包括各项制度机制的构建与完善。一直以来,消防救援部门未在公共关系学理论上进行系列探索研究,在指导消防救援部门与诸多对象的关系界定与处理方面缺乏一个完善的理论体系。改革转制后,消防救援队伍面临新使命和新挑战,要解决部分基层消防宣传人员对于消防宣传理念的理解偏差、思维迷茫问题。通过在消防领域探讨公共关系学,将公共关系的基本原理运用在消防救援部门工作实践中,构筑与打牢消防指战员公共关系学思维基础,树立与培养公共关系学理念,破除宣传思维单一问题,能够有效发挥公共关系学理论在消防宣传教育、消防监督执法、消防文化互动共鸣等方面的作用,促进形成全面性、系统性、长期性的消防宣传教育规划,从而适应消防体制改革发展的新时代要求。

二是消防宣传教育的深化拓展。公共关系是一个多层次、内涵十分丰富的动态概念,随着社会的发展,公共关系理论本身被不断注入新的内容。要区分若干定义,纠正"消防救援队伍公共关系"等同于"消防指战员人际关系""消防宣传""消防教育培训"的思维。其中,将公共关系等同于消防宣传教育则过分强调了公共关系的传播功能,因此,尤其要厘清消防救援队伍公共关系与消防宣传教育的区别。论述公共关系全面的、深刻的内涵,公共关系应当包括消防宣传教育的职能,也包括消防救援队伍形象树立、消防文化融合互动、社会消防多元治理参与等更深层次的内涵。在"消防站开放日"等营区对外开放一贯做法的基础上,深化消防文化元素对外宣传、交流、互动共鸣,打破消防救援队伍内部文化建设局限于内部宣传的现状,调整消防宣传教育内容重心,从应急疏散逃生、防火常识拓展至注重消防法制宣传教育、消防多元治理,而若以多渠道、多类别方式开展消防法制宣传,则更能在社会公众中形成警示威慑作用。

三是消防危机管理的注重与构建。公共关系危机处置是建立良好消防救援队伍公共关系的难点。随着我国社会主义市场经济的不断完善和改革开放的不断深入,社会不同群体间的利益冲突问题凸显,时刻面临着各种危机事件的重大挑战,当前形势对消防救援队伍的执法理念、执法水平、灭火救援程序等都提出了新的、更高的要求。消防改制后,消防监督执法与灭火救援公众印象的对照,在信息媒体的传播催化和舆论影响面前,时刻面临着挑战,对消防救援部门来说,这把"双刃剑"起着督促与提醒的作用。消防改制后,网络舆情事件时有发生,随着网络舆论由萌芽到膨胀,其影响力就由潜在状态变为现实影响,特别是在网络信息呈爆炸式增长的传播蒸腾作用下,在持续扩大,因此,要注重与构建消防危机管理,通过树立预防消防救援队伍形象危机意识,建立消防救援队伍形象危机预防管理机制,制定完善危机处置预案,有效处理形象危机与网络舆情等事件。

第二节 公共关系学原理下的消防危机管理

一、消防危机管理的基本原则

改革转制后,消防救援队伍将作为应急救援的主力军和国家队,承担着防范、化解重大安全风险、应对处置各类灾害事故的重要职责使命。新闻宣传在当下社会各领域的重要性日益凸显,以消防救援队伍为主的综合性应急救援宣传工作也是不容忽视的焦点问题。在应急宣传新闻报道中，为有效做好防灾减灾救灾工作、维护社会稳定，要求官方应当全面客观、及时并准确地报道灾害事故、应急救援工作，并面对社会宣传正面报道，尤其面对严峻的灾害事故形势，如何坚持正确的舆论导向，客观报道、解疑释惑、科学宣传，避免公众对化解危机的过高期待甚至负面舆情，以利于灾害预警、事故防御和应急救援，是当前消防救援部门面临的一项紧迫课题。同时，在传统新闻媒体、形式各异的自媒体高度发达的时代背景下，热点事件往往成为全社会共同关注的话题，在消防救援领域也不例外。消防救援部门属于社会公众高关注度的政府部门，出现新闻舆情、网络舆情，如果不及时处置就有可能迅速发酵，造成难以收拾的局面。

消防危机，主要指的是不利于消防救援部门职能行使、职责履行，不利于消防救援队伍形象，不利于消防救援事业发展的危机状态。我们可以大致对消防危机进行分类，以是否通过媒体中介进行划分，可分为媒体曝光性危机和非媒体曝光性危机，当前除了传统媒体外，自媒体、大众传媒与日俱增，各式各样，非媒体曝光下危机主要是存在于社会实体的危机状态，它不通过媒体中介进行传播。消防危机还可以划分为社会评价性危机、机构及人员信赖危机、消防救援队伍形象危机。那么，对消防危机管理的理解，就是消防救援部门通过对上述构成消防危机的事件进行及时有效的监测、预控、决策和处理，为避免和减少危害、消除负面影响、扭转不良局面，重返稳定、和谐的关系状态，而建立和采取的一系列防范和处理的制度机制等措施。消防危机管理是消防公共关系处理的内在要求。危机管理是专门的管理科学，当发生消防危机状况时，对于危机救治，消防救援部门应当及时应对突发的危机事件，防止事态进一步扩大恶化，尽量使损害降至最低点，消防救援部门要与社会公众保持良好的沟通、交流，这是消除疑惑、误解，化解矛盾，重返和谐状态的需要。

消防公共关系属于公共关系在行业领域实践应用的范畴，因此，对于危机管理的原则适用，在消防公共关系领域同样可行。

首先，要与公共危机管理的原则进行区分。我们熟知的公共性危机，是指在社会运行过程中，由自然灾害、社会运行机制失灵而引发的，可能危及公共安全和正常秩序的危机事件。公共性危机不同于误解性危机、事故性危机、假冒性危机和灾害性危机，其根本区别在于公共性，公共性危机指向特定区域的所有人员，每个人都是危机侵害的对象。公共危机管理原则有时间性原则、效率性原则、协同性原则、科学性原则。这些是公共危机管理原则，是政府应对公共危机如何处置应当遵循的原则。

其次，公共性危机的范围主要包括自然灾害（火灾、风暴、地震、洪水）、公共安全突发事故、恶性刑事案件、恐怖事件、疾病传播（公共卫生问题）、自然环境恶化。虽然消防救援部门会承担或参与这些相应事项的内容，但它与消防危机还是存在区别的。概念不同，因此，遵循的原则也不相同。

最后，消防危机管理的原则吸纳了危机管理的基本原则。消防危机管理的基本原则是消防救援部门在应对消防危机事件时采取处置措施应当遵循的原则。消防危机管理的基本原则可以概括为第一时间原则、勇于担责原则、以人为本原则、口径一致原则、第三方原则、留有余地原则。第一时间原则、勇于担责原则、口径一致原则都比较容易理解，在此不再展开论述，只是需要关注适用于消防救援部门的细节操作。而以人为本原则主要是以社会公众的需求为基本着落点，以考虑公众的合法权益保障为前提。第三方原则是指除了在适当时机官方发声外，还需要借助第三方媒体中介的力量对事实予以澄清、事后重塑形象等。留有余地原则要求留出回旋的余地，既要遵循谦虚务实，又要留有余地，这对消防救援部门来说，的确是一门技术。

二、消防危机处置的一般程序

网络时代的发展，信息传播速度达到了惊人的程度，灾害事故往往成为网络媒体的重点关注对象。社会上发生火灾、水灾、地震等灾害的真伪，消防救援队伍的应急救援水平和能力，往往成为社会公众的关注对象。现实中，总有那么一些不科学的内容报道容易被网络传播，不论无意还是有意为之，都将产生或趁势制造出消防职能部门失职的假象新闻，从而引起一定公众盲目追评，随之产生的便是负面舆论，对消防救援部门必将造成不良的影响。虽然当前网络舆论监控能力提升加快，但是面对特殊舆情，消防救援部门搜索监控水平尚未达到专业化，应对速度还不够快，处置网络媒体负面言论的专业性还有待进一步提升。科技催生发达的网络媒体使得受众对应急救援信息、新闻宣传的客观性、及时性、准确性，甚至覆盖性、生动性、专项性和针对性都有了更高的期待。受众对消防宣传的期待值提升到如此高度，不良舆情的产生传播，为部分不良用心者提供了可乘之机，消防救援部门在监控手段、监控机制、处置应对制度等方面亟须完善。

虽然说消防救援队伍承担防范化解重大安全风险、应对处置各类灾害事故的职责，但消防救援部门作为行政机关部门，同样需要处理本部门与社会大众的关系，消防危机的公共关系处置则是消防救援部门公共关系能力和水平的集中反映。消防危机处置的一般程序是：第一时间采取紧急措施，防止事态发展，启动危机应急处置预案，调查情况，弄清事实，确定对策，有针对性展开系列处置方法，最后是总结、提高。因为对于上述危机处置的一般程序比较容易理解，在此不进行展开论述。

关于消防救援部门危机处置的领导与分工方面，应当将其置于重要地位，在公共关系学原理下的消防救援部门宣传教育深化拓展的基础上，"自上而下"成立消防危机处置领导小组，并且按照机构内设部门的职责分工有所细化，如指挥中心在日常网络舆情搜索与监控等方面具有优势，政治部门在政治导向与队伍管理等方面具有专业性，当前的新闻宣传处在媒体沟通联系等方面具有优势，这就需要消防救援部门相关内设部门进行配合，消防危机处置是多个内设部门的协作。科学的危机处置工作需要一个反应迅速、正确有效的危机公关程序，既要避免面对消防危机过程中的随意性及盲目性，也要防止消防危机处置中的重复和空位现象。

现代传媒形式多样，是公众获取信息的主要来源，消防危机事件的产生，反映在电脑、手机移动终端设备上的内容发酵就占了较大比例。而对于网络内容治理的执法，目前，我国网络内容治理执法主体涉及多个，呈现多部门齐抓共管局面，涉及的执法主体包括网信、电信、公安、国安、市场监管、文化、新闻出版等部门，各执法部门在各自领域开展执法活动或联合执法活动。2014年，国务院授权重新组建的国家互联网信息办公室负责全国互联网信息内容管理工作，并负责监督管理执法。新出台的《网络信息内容生态治理规定》第三条第一款规定："国家网信部门负责统筹协调全国网络信息内容生态治理和相关监督管理工作，各有关主管部门依据各自职责做好网络信息内容生态治理工作。"很多时候，对于跨行业领域的网络内容治理执法，执法主体不会单凭一己之力，而是在执法协同联动牵引下顺利完成执法任务。将来，应急管理部门、消防救援部门加强与网络内容治理执法部门的沟通联系，通过探索构建执法协作联动规定，可以提高消防危机处置的综合效能。

在规范引导社会应急救援力量方面也应当重视。在应急救援队伍中，除了国家综合性消防救援队伍以外的应急救援力量，如防汛抗旱、抗震救灾、民间公益救援组织等，作为政府专业应急救援队伍的辅助和补充力量，在应急救援中扮演着不容忽视的角色，尤其是在自然灾害事故应急救援时，在灾害事故救助、灾民转移安置、伤员救助治疗、物资提供保障等方面发挥了十分重要的作用。在以消防救援队伍作为主力军与国家队的应急救援中,其他应急救援力量有秩序、有条理地投入应急救援行动,他们是信息报道、新闻宣传方面中的一员,社会应急救援队伍,整合了各地民间救援、医疗、通信、交通、媒体等行业的志愿者力量,在宣传方面具有正面作用,影响力不小,可以充分发挥社会应急救援组织决策快速、整合社会资源方便、宣传影响力大的特点,肯定社会应急救援组织作为官方应急救援宣传的有益补充角色,共同发挥在应急救援宣传中的有效作用。虽然应急救援目标相同,但因为队伍性质不同,受人们对救援队伍的识别能力所限,加上各队伍平时管理体系的不同,会出现负面传播事件,这方面的内容和影响也不容忽视。主管部门应当有序引导各级各类应急救援力量,加强信息沟通互动,并加强对社会应急救援队伍宣传发布的监督指导。

三、消防危机管理的制度机制

随着科技的飞速发展,新媒体越来越受到人们的关注。以数字技术为基础、以网络为载体进行信息传播的媒介,包括所有数字化的传统媒体、网络媒体、移动端媒体、数字电视、数字报纸杂志等,其具有价值性、原创性、效应性、生命力,在宣传力、影响力、号召力方面,极大地超越了传统媒体。新媒体与受众之间存在点对点、一点对多点、多点对多点的模式,传播形式、内容更生动灵活,可以说,随时性、自主性、互动性使新媒体的受众成为消防宣传的主要人群。传统的传播媒介如广播、电视、报刊,虽然具有权威性,但是在当今信息技术高速发展的时代已经暴露出不足,传统媒体的受众越来越局限。当前,官媒也在往新媒体方面拓展,在传播的内容、方式上增强创新性,发挥新媒体发布、传播的优势,进行官方信息披露或者宣传。完善消防公共关系体系,制定周密的应急预案,建立科学、高效的危机预警和监控机制,及时捕捉、综合各种有关危机的信息,分析危机的发展规律、发展趋势,将危机事件消灭在潜伏时期或萌芽状态。

要进一步构建完善相关制度。一是完善应急救援新闻宣传工作制度体系。消防救援部门应当第一时间建立健全制度，在宣传规划、信息发布、情况处置等方面建立健全制度，以作为制度保障并予以完善，理顺宣传各项工作内容，使新闻宣传和信息发布更加准确与规范化。二是制定消防危机处置应急预案。消防部门应当制定切实可行的危机处置应急预案，针对社会舆论不良影响做出应急处置的方案，并不断开展研讨，持续改进，一旦遇到特殊情况，就启动预案，及时应对，确保及时、客观、全面、准确地发布权威信息，澄清事实、解疑释惑，最大限度地避免、减小和消除负面影响。三是建立新闻发言人制度。改革转制后，消防救援部门将面对越来越多的考验及媒体的关注报道，建立完善新闻发言人制度，加强培训，尽快组建完善新闻发言人队伍。畅通危机信息公开发布的渠道，在消防救援部门与社会公众之间建立稳固的联系通道。作为消防救援部门的新闻发言人，既需要丰富扎实的知识储备，清晰掌握消防危机事件的各种情况，又需要应对新闻媒体的技巧，这对新闻发言人提出了更高的要求。消防救援部门有计划地确定、培养新闻发言人，在发生消防危机事件时，有效应对化解危机，在发生有影响的灾害事故应急救援时，通过媒体中介进行信息披露、新闻发布，主动正确引导舆论，既满足社会需要，又稳定社会秩序，从中展示主力军、国家队正面形象。

要建立健全新闻媒体沟通合作机制。媒体作为政府部门与社会公众之间沟通的纽带，应当具备应有的社会责任和义务，消防救援部门要进一步深化与新闻媒体沟通联系，各类媒体平台也要坚持正确舆论导向，避免产生一些不必要的舆情与负面影响。消防救援部门要尊重和重视大众媒介发布的各种危机信息，积极配合媒体的报道工作，也要主动接受媒体的监督。同时，要加强与媒体的沟通、协调与合作。要在之前宣传工作的沟通基础上，进一步建立信息交流平台，构建媒体信息共享机制，及时权威发布相关信息。日常，消防救援部门要加强与广播台、电视台、报刊等主要媒体的合作，并不断拓展与新兴媒体的合作，在防火宣传、训练演练、应急救援、法制宣传等资料信息方面提供更快捷的渠道。加强信息的披露与公众的沟通，争取公众的谅解与支持是危机管理的基本对策。在信息披露、发布新闻时，应当坚持改进信息披露宣传方式。根据不同阶段的特点，分阶段进行新闻宣传舆论引导。如对于公众持续关注的灾害应急救援信息，在应急救援开展的前期，统一口径宣传，持续发布灾情动态信息，加强灾害事故现场应急救援宣传，协同新闻媒体进行正面宣传，主动引导舆论，避免负面舆情；在应急救援宣传工作开展的中期，注重应急救援人事、事迹主题宣传，在树立应急救援队伍先进典型、应急救援阶段性进展成果等方面着重报道；在应急救援宣传工作开展的后期，重点宣传相关现场应急救援工作成果，传播正能量。

四、消防法治素养与能力建设

中国特色的应急管理体制正在形成与完善，制度建设正在路上，消防公共关系建设也存在很大的发展空间。正因为当前体制完善、队伍建设的发展给消防公共关系建设带来了机遇。消防救援部门作为承担公共事务职能与享有相应的行政权力的部门，在灭火救援、监督检查等方面行使法律赋予的权力与履行法律规定的职责，不论是在消防改革转制前的时期，还是在转制后的现在，行政相对人发起行政复议程序，针对消防救援部门的行政诉讼都时有发生。这是因为，一方面，随着社会的发展进步，人们的法律意识也在逐渐提高，维权意识增强了；另一方面，这是国家与社会各项制度的推进完善而导致的必然结果，法治政府、服务型政府的建设，对行政相对人合法权益的保障，信息技术、现代传媒的发展等，都对政府各部门提出了更高的行使职能、履行职责的要求。灭火救援出动时间、到场展开的过程，现场灭火救援的操作、程序，监督执法人员的执法程序、执法手段、执法文书等，往往容易成为社会公众聚焦的对象，不论是因消防救援部门工作人员本身存在操作失误、程序瑕疵，还是说本来合法却被公众误解，甚至被别有用心之人进行炒作、扩大化，都会构成对消防救援部门公共关系处理的挑战。因此，无论灭火救援队伍和监督执法队伍还是专业化、规范化的公共关系从业队伍，都离不开法治素养的培育。

在新形势下，消防救援部门应当认识到当前与将来面临的考验，在推进公共关系建设科学化、规范化方面加快步伐。专业化的公共关系从业队伍首先是法治思维下的工作运转能手，在法律的界限内处理与社会公众之间的关系，在法律法规及规章制度允许的范围内开展消防宣传教育培训，依法依规处置消防危机事件。其实，不管是消防公共关系队伍，还是整个消防救援队伍，法治素养与能力建设都是当前迫切需要加强的专题。消防救援部门在消防改革转制前，队伍性质、管理体制存在特殊性，法律专业人员比例构成、人员法治素质的整体水平仍然具有很大的提升空间。改革转制后，消防救援部门在法治建设方面取得了一定进展，但消防领域的法治建设不仅是法制部门的事，也是整个消防救援队伍肩负的责任。对消防救援部门而言，法治素养与能力建设包括法治意识、法治思维与依法执法、依法办事能力。包括公共关系队伍在内的整个消防救援队伍具备较高的法治素养与能力，有利于妥善解决消防危机，有利于提高职能行使与职责履行的正当性、合理性，有助于在应对不合理的诉求时，切实保障消防救援部门工作人员及人民群众的合法权益。

2007年，党的十七大明确提出了"全面落实依法治国基本方略，加快建设社会主义法治国家"的战略任务，强调"坚持依法治国基本方略，树立社会主义法治理念，实现国家各项工作法治化"。我国的法治建设一直在推进，党的十八大以后，习近平总书记进一步强调全面推进依法治国，"实现国家各项工作法治化"。"国家各项工作法治化"意味着要使法治成为国家工作的崇高理念、坚定信仰、常规思维和基本方式。对消防救援部门而言，消防救援队伍实施灭火救援，涉及救援的人员对象多，具有不确定性，消防救援部门行使消防监督检查权、火灾事故调查权，无不涉及诸多的行政相对人，消防行政执法对象广泛，具有确定性。消防救援部门承担的职能不仅关系着行政相对人的人身财产权益保护，而且关联社会公共利益的维护。因此，除了消防公共关系领域，消防救援部门的灭火救援与防火工作也应当被纳入法治轨道，以法治的理念、法治的思维、法治的程序、法治的方式、法治的机制开展。整体的、高水平的依法行政能力能够纠正有法不依、执法不严、违法不究的现象，克服选择性执法、随意性执法、过度执法行为的问题。消防法治素养与能力建设是建设高水平的消防救援队伍的基本条件。

第三节　新形势下的消防宣传教育发展方向

以公共关系学原理为基础，新形势下的消防宣传教育发展方向有四方面：消防安全知识的普及、消防法制的宣传教育、消防多元治理的参与、消防文化的互动共鸣。

一、消防安全知识的普及

人们知识的获取，主要有两条途径：一是前人经验的吸收，也就是从先前知识经验总结中获得；二是基于自身实践获得，也就是对本身践行的总结获取。消防安全知识的获取途径同样包含以上两条途径。对于绝大部分人而言，先前经验的获取是主要渠道，而对于经历过火灾事故，不论是目睹视频回放或现场，还是从火场逃生，都成为他们获取消防知识的来源。当然，获取的知识有正确的，也有不正确的，前人经验的总结通常是正确的，自身实践所得也不排除不正确的心得体会、知识获取。一直以来的消防安全知识宣传，通过先前经验所得的知识输送到人们的头脑中，这其中还会以各式各样的方式来加大人们获取知识的程度与广度，包括形式多样的触动、实操、模拟等实践活动。但无论如何，人们对于消防安全知识的获取都是人们在发生火灾事故时逃生自救、他救的前提条件，因此，消防安全知识的普及是消防宣传教育的基础。消防救援部门的消防宣传教育负责部门一直致力于普及消防安全知识，扩大知识普及的覆盖面，让每个人都掌握基本的消防安全知识与基本技能，提高全民的消防安全素质。

日常所见的"犯了低级错误的操作""未按照操作规程进行操作""基本安全常识缺乏"等火灾事故新闻，以及部分第三方机构对于行政区域内的消防安全能力水平的实证调查研究，证明了在我国，全民消防安全素质能力仍然需要继续提升。作为基础性的消防安全知识普及，在未来仍然发挥着基础性作用，全民掌握基本的消防安全知识是基本，关系到个人安全、社会安全、国家安全。

新形势下的消防安全知识普及，应当更加注重以人为中心。注重以人为中心，不仅仅体现在宣传以保护人的生命安全作为最根本的出发点，还体现在消防安全知识内容、消防安全知识普及方式方法方面。消防安全知识的内容应当具有普适性，同时具有针对性，普适性与针对性可以分门别类。近年来提出的精准宣传就是这方面的例子，还可以进一步细化。对于新业态、新兴行业领域，消防知识内容需要再形成；不同的场所、人员，内容有所不同，面对专业人员，则对其有更高的知晓、掌握要求。消防安全知识普及的内容要考虑人们的接收能力及受影响程度，考虑人们对于知识的获取效率与效果，甚至是"即便一闪而过，却过目不忘，牢记在心"。那么，消防知识宣传的内容可以是简洁的、操作简易的，如安全提醒、查找消除隐患、灭火技能实操等。消防知识宣传的内容可以做到统一，可以长期使用，内容知识也便于传承。丰富多彩的现代媒体带来了契机，就看我们对它的把握和利用程度了，不然，受众一看而过，一笑而过，无法产生深层次的内在影响，将事倍功半。

新形势下的消防安全知识普及,应当注重坚持科学性原则、灵活性原则与关联性原则。第一,消防安全知识内容是人们预防火灾和逃生自救、他救的指引,内容的科学合理与否十分关键。应当对普及的知识内容进行严格把关、审核,对于官方发布的消防安全知识内容,可以通过消防救援部门的防火部门、火调部门、法制部门等相关内设部门进行协作,对需要普及的内容开展梳理,进行论证、确定,最后上升到单位领导审核把关的高度,就可以避免部分基层宣传工作人员把关的局限性,交由广告设计印刷公司并受他们影响。第二,消防安全知识的普及具有灵活性。火灾受时间、空间、环境等影响,火场瞬息万变,在发生火灾的情境下,处于何种空间位置的人员应当怎样做,人们如何逃生自救、他救就不应一概而论,不能简单化。因此,对于普及的内容还应当区分情况,要将原则性与灵活性相结合。第三,消防安全知识普及的内容还应当注重关联性。新兴媒体下的纷繁多样,给人们的知识分辨与接收带来了难度。在这种环境下,消防安全知识普及的内容、形式应当跟消防元素是相关联的、和谐的,符合人们的关切与需求,避免无序性、低俗化,才能发挥好社会资源的作用。

消防安全知识的普及是一项长期工程。消防安全知识的普及是潜移默化的,不是短时间内就见成效的,消防宣传教育培训人员或许体现不出政绩,但是他们的努力具有长远效果。消防安全从娃娃抓起,以孩子带动家庭,以家庭带动整个社会,待所有孩子都接受消防安全知识教育,消防安全素质达到较高的水平时,全民的消防安全素质水平将呈现另一种层次。基础性的消防安全知识普及看似简单,实则不易,对"消防安全知识的普及"这一基础性的课题很有研究的必要,如果基础性的消防安全知识普及做到位、做到极致了,那么将会事半功倍。

二、消防法制的宣传教育

前一节中,消防法治素养与能力建设是针对消防救援部门来说的,这里所述的消防法制的宣传教育是面对全社会公众而言的。法治与法制不同,法治强调的是以法进行治理,而法制侧重于法律制度及其有效实施。《中共中央关于党的百年奋斗重大成就和历史经验的决议》全面总结历史经验,进一步明确指出"全面依法治国最广泛、最深厚的基础是人民"。在法治建设推进过程中,全民守法是其中一项内容。全民守法在于人们的真诚信仰与实践笃行,是社会主义法治建设的必由之路。消防法制的宣传教育是法制宣传的一部分,目的是让人们对于消防法律发自内心认同与遵守,使遵法守法成为全民的共同追求和自觉行动。消防法制宣传教育固然十分重要,消防法律法规、刑法相应罪名自诞生以来,就以法的形式让人们遵守。消防法制宣传教育,一方面通过法律条文、法律案例的宣传提示,让人们熟知法律条文,知道哪些行为可为,哪些行为不可为,起到警示震慑作用;另一方面促使人们遵守消防法律法规,有利于火灾预防与灭火救援,维护消防安全形势的稳定,也能够在全社会形成守法光荣、违法可耻的社会氛围。当前,对于消防法制的宣传教育存在很大的提升空间,消防法制宣传教育具有必要性与紧迫性。

经历了1957年的《消防监督条例》、1984年的《中华人民共和国消防条例》、1987年的《消防条例实施细则》,到1998年的《消防法》(2008年修订,2019年、2021年先后进行了修正),作为消防领域法律位阶最高的《消防法》,其实包含了很多可以也应当进行普法的内容。如《消防法》第五条规定:"任何单位和个人都有维护消防安全、保护消防设施、预防火灾、报告火警的义务。任何单位和成年人都有参加有组织的灭火工作的义务。"作为一般规定的这一条款,看似只是义务性规定,却可以解决很多现实中的问题。法律制定之后,需要普法、释法，让法律为人们所知，才有利于人们遵守。消防法律的发展是不断完善的过程，纵然消防法律存在不完善之处，如缺少相应罚则条款，但现阶段我们一样可以理解为其他罚则是对该条款的具体诠释，同时不妨碍对该条款的普法。改革转制后，消防建审验收及备案抽查职责已移交住建部门，《消防法》第十三条、第十四条、第十五条关于建设工程消防设计审查、消防验收、备案和抽查，公众聚集场所投入使用、营业前消防安全检查的规定，主要是对于单位主体的规定，虽然单位主体在办理其他行政事项业务时，能够知晓消防业务办理规定，但是仍然存在不按规定办理的单位主体，如果能够在法制宣传教育上下功夫，让单位主体在事前就知道相应规定和罚则，则能够起到警示、督促作用。

《消防法》第二十一条规定："禁止在具有火灾、爆炸危险的场所吸烟、使用明火。因施工等特殊情况需要使用明火作业的，应当按照规定事先办理审批手续，采取相应的消防安全措施；作业人员应当遵守消防安全规定。进行电焊、气焊等具有火灾危险作业的人员和自动消防系统的操作人员，必须持证上岗，并遵守消防安全操作规程。"虽然有此规定，但遵守该法条的状况不容乐观，现实中因违反该条而引起的火灾事故屡见不鲜，教训十分惨痛深刻。如果消防宣传教育能够持续强化这方面的条款，再辅之以《刑法》相应罪名条款规定，那么应该会有不小的改观。

《消防法》第二十八条规定的"任何单位、个人不得损坏、挪用或者擅自拆除、停用消防设施、器材，不得埋压、圈占、遮挡消火栓或者占用防火间距，不得占用、堵塞、封闭疏散通道、安全出口、消防车通道。人员密集场所的门窗不得设置影响逃生和灭火救援的障碍物"，而第六十条是其相应罚则，对这些法律条款的宣传都是十分必要的。《消防法》第六十八条规定了"人员密集场所发生火灾，该场所的现场工作人员不履行组织、引导在场人员疏散的义务，情节严重，尚不构成犯罪的，处五日以上十日以下拘留"。对该条的理解、解释与宣传，能够解释与解决现实中的很多问题。此外，还有强调单位主体责任的条款等。

与基础性的消防安全知识的普及一样，消防法制的宣传教育也是常态化、持续性的。当然，这里说的持续性是符合宣传规律的持续。消防法制的宣传教育与消防安全知识的宣传教育培训是相融的，消防知识的普及包含消防执法宣传教育。"要坚持法制教育与法治实践相结合，广泛开展依法治理活动，提高社会管理法治化水平。"①《消防法》，是一部消防基本法，如何规划好与执行好普法宣传，相应法律条文的宣传方式方法也是一个值得斟酌的点。消防专业性强，标准规范多，但这些是给住房和城乡建设部门、消防救援部门、相关企业等从业人员依规执行参考的，而消防法律法规不同，它们具有普适性。此外，还有各省市地方性法规、政府规章等，这有待各地去研究如何普法宣传。

三、消防多元治理的参与

新形势下，消防宣传教育的发展还应当注重消防多元治理参与的宣传。前一章，我们在论述消防基层治理的时候，提出了消防基层治理的多元共治。前一节，我们在消防公共关系的论述中，也提到了要始终从公共利益出发，带动社会公众参与社会消防安全治理。对消防多元治理参与的宣传，与消防基层治理和消防公共关系的目标是一致的。要发动群众参与基层消防治理，发动每一个公民在工作、学习、生活中做一个有心之人，留意身边的火灾隐患，依靠本身的消防安全知识消除隐患，或者是借助其他力量消除隐患，避免火灾事故发生。对于消防基层网格来说，治理主体中的乡镇（街道）、村居、居民楼院、村组、社会单位场所、居民群众等都是宣传发动的对象。对于政府行业部门来说，它既是消防多元治理宣传的重点对象，又是消防治理宣传的发动主体。而要

---

① 习近平. 习近平谈治国理政：第1卷[M]. 北京：外文出版社，2022：145.

形成这样的格局,对于消防共治的宣传与促动不可或缺。

　　消防多元治理参与既是宣传的内容又是宣传的目的。传统的消防安全宣传教育在于宣传发生火灾时如何逃生自救,社会单位企业等场所则包含应急疏散等他救行为,以及如何做出基本的消防安全行为。新形势下的消防宣传教育还应当有所拓展,往消防多元共治方向发展宣传教育,促使全员在火灾防范上、灭火救援上更显主动性与积极性,在力所能及的范围内消除火灾隐患,扑灭初期火灾,从而避免火灾事故发生或减小火灾事故程度。消防多元共治方向发展宣传教育,不仅宣传教育人们自身遵守消防法律法规,还谴责他人的消防违法违规行为,主动制止他人的消防违法违规行为、消防不安全行为,阻止消防不安全事件发生。在消除火灾隐患上,不仅要促进提升人们查找消除身边的火灾隐患的能力水平,还要参与治理。通过有意识的宣传促动,使每个人的积极性与主动性发挥出来,通过多元共治让社会公众参与进来,在日常生活中完成力所能及的防火与灭火行为,这就符合"全民皆消防"的思想。

　　对于消防多元共治、消防治理的宣传,不是单纯的宣传消防多元共治、消防治理的新闻宣传报道,主要是以宣传发动每个人参与消防共治、消防治理。至于消防多元治理参与的宣传教育方式,则可以融入消防宣传教育培训。这时候,消防宣传教育培训已不是传统意义上的宣传教育培训了:在宣传方面,包含了消防多元共治、消防治理的内容;在教育方面,提醒促动,使人们接受掌握参与共治的基本形式、内容;在培训方面,通过以知识输出、实践操作等形式,寓教于乐、喜闻乐见,让人们将学习应用于实践,在实践中学习如何参与治理。此时,对消防宣传教育培训人员也提出了更高的要求,他们应当具备相应的能力。这里的消防宣传教育培训人员是广义上的人员定义,也就是说要拓展消防安全教育培训的实施主体,不仅仅是消防救援部门从事这方面工作的人员,还可以是消防基层治理的各个治理主体,他们在治理的过程中可以将这块领域纳进来。

四、消防文化的互动共鸣

我们经常听到"消防文化",对消防文化有感悟,但是通常很少会深究消防文化究竟是什么。消防文化是消防救援职业发展过程中,形成的具有消防救援队伍特有风格的价值理念、道德准则、行为规范、文化环境等要素的综合体现。消防文化属于社会精神文明建设的重要组成部分。消防文化是通过礼节礼仪、行为习惯、文化艺术、营区环境等体现出来的精神实质和内涵。这与内容和形式的关系相对应,是"灵与肉"的关系,就内容来说,通俗的说法是事物里面包容的东西,规范的说法是事物内部包含的实质或意义。对消防文化而言,它是在消防救援队伍内部散发出来的文化气息。消防文化建设具有重要意义,在内部来说,它能够提升消防救援队伍的自豪感与凝聚力;对外部而言,它能够宣扬消防救援队伍先进典型和先进事迹,能够让社会知晓、熟悉、理解与支持消防救援队伍,进一步密切与消防救援队伍的关系。消防文化的宣传,最终目的在于在社会中让人民群众深切感受消防文化,在消防救援工作方面与消防相关部门能够进行互动,与消防救援队伍能够产生共鸣,因此,消防文化的互动共鸣是消防宣传教育的发展方向的最高层次。

当前,消防救援队伍内部在大力推进文化建设,也有对消防文化的宣传,但是,对社会而言,消防文化最终要达到与社会民众共鸣效果,怎样产生互动与共鸣是我们需要深入思考的。消防文化的互动共鸣要聚焦核心内容,"对党忠诚、纪律严明、赴汤蹈火、竭诚为民"是给予消防救援队伍最好的诠释。要使消防文化向社会延伸,让人民群众在消防文化中浸润、熏陶,进一步密切消防救援队伍与人民群众的血肉关系,树立消防救援队伍的良好形象。此外,此处所说的消防文化,与消防管理本质安全化中的管理环境中的消防文化存在共通之处。但此处的消防文化是对于消防救援部门内部而言的,而后者主要侧重于社会面与社会企业的消防安全文化。从社会面来说,消防安全文化是社会成员消防安全价值观、潜意识以及行为能力；对社会企业来说，消防安全文化则是属于企业管理文化的范畴。尽管如此，消防文化的影响是可以外延到社会面的，因此，消防文化与消防安全文化的作用原理是相通的。

消防文化的内容丰富多样，消防文化的内涵也极为深厚。消防文化的互动共鸣并不单纯是消防救援队伍的形象宣传，消防形象宣传固然能够树立队伍形象，也能在社会面形成正面评价，但更重要的是，要通过多种消防文化的互动形式，让含有消防文化元素的内容深入社会大众的内心，让人民群众感受消防精神。消防文化的互动共鸣方式也是多样化的，将消防文化融入社会场景，如消防主题元素餐厅等商业场所、消防博物馆、消防主题公园等公共场所，及已形成惯例的"消防站开放日"活动在消防文化方面发挥了重要作用，接下来可以在融合知识宣传、法制宣传、防火宣传，聚焦文化互动与共鸣方面下功夫。

消防文化的共鸣是升格至文化高度的良性互动。消防文化需要朝着正能量的方向发展，需要正向引导。对于消防文化的宣传，也应当坚持关联性，不能够太突兀、太牵强，否则达不到互动共鸣的效果。此外，对于消防救援队伍形象与消防救援队伍吸引力的宣传，除了考虑传统要素的宣传外，还可以进一步挖掘，如消防救援行业的锻炼优势，消防救援人员在和平年代历经风风雨雨，社会面接触广，经历过消防，也就成了工作生活的能手。

第五章

应急管理的未来发展

第一节 应急管理的发展前景

一、应急管理与安全主题

党的十八大以来,以习近平同志为核心的党中央把国家安全作为头等大事,着眼于中华民族伟大复兴战略全局和世界百年未有之大变局,对国家安全做出战略擘画、全面部署。2014年,习近平总书记创造性提出了总体国家安全观,他强调,当前我国国家安全内涵和外延比历史上任何时候都要丰富,时空领域比历史上任何时候都要宽广,内外因素比历史上任何时候都要复杂。总体国家安全观经历了从提出、提升,到不断发展、完善的过程。总体国家安全观涵盖了政治、军事、国土、经济、金融、文化、社会、科技、网络、粮食、生态、资源、核、海外利益、太空、深海、极地、生物、人工智能、数据等诸多领域。贯彻总体国家安全观,要以人民安全为宗旨,以政治安全为根本,以经济安全为基础,以军事、科技、文化、社会安全为保障,以促进国际安全为依托,统筹发展和安全,统筹开放和安全,统筹传统安全和非传统安全,统筹自身安全和共同安全,统筹维护国家安全和塑造国家安全。这

"五大要素"与"五个统筹"共同构成总体国家安全观的核心要义。总体国家安全观,成为新形势下维护和塑造中国特色国家安全的行动指南。

学习理解国家安全观各领域的关系,可以从宏观、中观、微观三个维度进行分析。对此,我们将安全作为主题,总体国家安全观可以视为宏观意义上的安全,政治、军事、国土、社会、科技等则视为中观意义上的安全,那么,安全生产领域、消防安全领域就可以定义为微观意义上的安全。当然,宏观、中观、微观三个维度的分法并不是固定的,因为我们也可以将社会安全视为宏观层面的安全,那么安全生产、消防安全领域则可以视为中观层面的安全,社会企业的生产安全、千家万户的消防安全也就变成了微观层面的安全定义。因此,三个维度的划分具有动态性、灵活性,可以根据我们的需要随时进行应用。终究,不论是哪个层面,安全都始终是离不开的主题。应急管理始终以安全作为核心,"安全"是出现在应急管理部门最多的词。在经济、金融、文化、网络、粮食、生态等领域,安全问题也自始至终伴随,有安全的目标就有相应的安全管理,有不安全发生的可能就有相应的应急处理。对生产安全、消防安全(当然,社会生产中也含有消防安全)来说,它们几乎渗入以上各个安全目标领域。因此,应急管理的内涵与外延是广阔和丰富的。

任何安全生产事故、火灾事故都会造成不同程度的影响,给国家、社会和人民带来损失,社会企业员工发生安全生产事故、火灾事故,不仅是企业员工的生命健康受到伤害,一个或几个家庭的伤痛,也给企业造成了财产损失使其发展受阻,由于连锁反应,对国家、社会还会造成不同程度的影响。随着社会经济的快速发展及科学技术的极大进步,人们的生活已经达到了一定水平,人们对物质基础的需求逐渐提升为更深层次的精神需求,以及对美好生活的向往和追求,从而产生了对安全环境保障的内心期待与合理要求。当下,民生问题、关乎生命安全的各项内容成为全社会关注的焦点问题，良好的社会安全环境问题已成为社会大众基本的内在心理需求与话题。国泰民安是人民群众最基本、最普遍的愿望。应急管理始终以人民为中心，始终把人民放在心中最高位置，全力维护好人民群众生命财产安全，不断增强人民群众的安全感。

应急管理与安全发展是协调一致的，包括各领域的安全发展，要坚持统筹推进各领域安全，防范化解系统性安全风险，各行业领域身处风险挑战的前沿阵地，应当第一时间排查研判安全隐患、防范化解安全风险，维持各领域的安全稳定。为了安全的发展，为了发展的安全，发展和安全需要统筹，为实现更高质量的发展和更高水平的安全提供坚实保障。

二、应急管理的权责匹配

2018年，新组建的应急管理部整合了包括国家安监总局、国务院办公厅、公安部、民政部、自然资源部、国家林业和草原局、中国地震局等在内11个部门的13项职责，涉及5个国家级的应急指挥协调机构，以及公安消防和武警森林近20万名官兵的转隶整合，着力推动形成统一指挥、专常兼备、反应灵敏、上下联动的中国特色应急管理体制，建成统一领导、权责一致、权威高效的国家应急能力体系。2019年11月，习近平总书记在主持中央政治局第十九次集体学习时强调，应急管理是国家治理体系和治理能力的重要组成部分，承担防范化解重大安全风险、及时应对处置各类灾害事故的重要职责，担负保护人民群众生命财产安全和维护社会稳定的重要使命。2023年1月6日，国家消防救援局正式挂牌，揭开了历史的新篇章，它由应急管理部消防救援局和森林消防局整合而成，具有里程碑意义。①

---

① 国家消防救援局今日挂牌［EB/OL］.广西壮族自治区消防救援总队网站，2023-01-06.

根据应急管理部的职责①，国家赋予了应急管理部相应的职能与责任。虽然应急与应急管理在各行业、各领域都有所涉及，各行业、各领域都与安全相关联，但是根据国家行政机构设置和编制管理的相关要求，应急管理部具有特定的职能范围与事项。应急管理部肩负人民的信任和重托，责任越大，任务越艰巨，使命越光荣。

新时代的应急管理领域改革发展取得了显著成效。应急管理事业任重道远，面临新挑战、新机遇，全国应急管理系统持续推进改革发展，"自上而下"组建的应急管理部门在各自辖区、领域内，开拓创新、探索前行，应急管理各项制度机制也在不断构建与完善。其中，应急管理的权责匹配是需要关注的一个点。

一方面，坚持权能和职责对等原则。对于政府包括其组成部门、直属机构的权责配置，它是在特定政治体制和行政管理模式下，赋予政府的权力和规定其应当承担的责任，同时在不同层级和不同部门机构中进行分配所形成的关系。权能与职责对等原则是权责配置的首要原则，正所谓没有无权力的责任，也没有无责任的权力，权责对等是现代法治国家的一条铁定法则，是法治国家、法治政府建设的基本需要。权责对等原则要求有权必有责，有责对应赋权，对于政府部门来说，权能的组织结构与职责的组织结构是一致的，这是结构上的对应。同时，权能的总量与职责的总量在量上是匹配的，从理想状态上分析，总量是同等的。

---

① 应急管理部的主要职责："组织编制国家应急总体预案和规划，指导各地区各部门应对突发事件工作，推动应急预案体系建设和预案演练。建立灾情报告系统并统一发布灾情，统筹应急力量建设和物资储备并在救灾时统一调度，组织灾害救助体系建设，指导安全生产类、自然灾害类应急救援，承担国家应对特别重大灾害指挥部工作。指导火灾、水旱灾害、地质灾害等防治。负责安全生产综合监督管理和工矿商贸行业安全生产监督管理等。公安消防部队、武警森林部队转制后，与安全生产等应急救援队伍一并作为综合性常备应急骨干力量，由应急管理部管理，实行专门管理和政策保障，采取符合其自身特点的职务职级序列和管理办法，提高职业荣誉感，保持有生力量和战斗力。应急管理部要处理好防灾和救灾的关系，明确与相关部门和地方各自职责分工，建立协调配合机制。"参见应急管理部官方网站。

从运行过程上分析，权能和职责的运行过程是一致的，政府部门一旦运行权能，职责就相应跟随，只不过职责不在"明线"上运行，只要政府部门权能行使偏离轨道，就应承担相应责任，所以在行使权力的过程中，权力与职责并驾齐驱。从理论上讲，作为相伴相生的矛盾统一体，政府权力和责任既是政府存在的现实表现，也是政府实现有效管理和公共服务的基础和保障。权责对等，权责配置科学合理应当如同物理学中的正负粒子的产生和存在那样顺理成章和井然有序。① 职责与权能不相匹配，权能与职责结构失衡，分布不均，量不匹配，会造成权能大于职责或者职责大于权能的局面，进而成为推动法治政府与责任政府建设的绊脚石。

另一方面，坚持权责与资源匹配原则。政府部门行使权能，是以一系列的要素作为支撑的，这些要素可以称为权能运行的"资源"。完善的权能运行启动至结束，应当是人力资源、财力资源、信息资源、制度资源等的统一，这些资源因素在权能运行的过程中起着支撑作用，防止权能运行不力不畅。我们以执法领域来打比方，人力资源、财力资源、信息资源、制度资源既非宏观也非微观概念，执法人员的配备、能力提升，执法硬件软件的投入、维护，执法信息数据资源的建立、共享，执法制度的构建、运行，都是执法机构行使执法权能、履行职责的必备要素，这些资源缺一不可，彼此构成统一的整体，相互发生作用，对执法机构是否顺畅有序实施执法行为、履行职责具有重要作用，直接影响着执法的最终效果。执法权责配置的过程，对执法机构自身而言最尴尬的，对执法人员而言最担心的，莫过于权能运行支撑资源与执法权责不相匹配，执法权能运行资源处于劣势，在面对执法问题尤其是执法难题时，执法人员束手无策。人力资源、财力资源、信息资源、制度资源等

---

① 鲁敏. 变迁与失衡：转型期地方政府的权责配置研究 [J]. 云南社会科学，2012 (1)：64-68.

支撑资源要素互为一体,"木桶原理"显示任一资源的载荷都会影响整体。因此,需要统筹推进人力资源、财力资源、信息资源、制度资源等资源要素,促成各种资源的后续跟进。因为执法权责的配置应当与资源互相匹配,如此,执法机构、执法权力才能有效运行,执法职责才能合理被承担。

三、应急管理的伟大使命

党的十八大以来,我国国家安全得到全面加强,经受住了来自政治、经济、意识形态、自然界等方面的风险挑战考验,为国家的安全稳定、社会的长治久安提供了坚强保障。这些都离不开各级各部门的共同努力。其中,各级应急管理部门在职能范围内发挥综合统筹作用,切实落实安全生产管理,在安全生产方面、防灾减灾救灾方面做出了应有贡献。各级消防救援部门在火灾预防,灭火救援、抢险救援方面践行了为人民服务的宗旨。从国家层面到基层一线,应急管理人员、消防救援人员践行伟大的事业,谱写新时代的绚丽华章。人民至上,生命至上,应急救援以抢救人的生命为首要任务,这是最高的道德境界,是人类最高的道义准则。

应急管理是一个综合性的概念。作为应急管理部门的机构名称,应急管理可以理解为应急与管理。应急与管理都是常态化的,因为对应急而言,应急包含了各种预案的建立与演练,各种应急资源的准备与随时响应;而对管理来说,管理是一个连续性的组织、指导、协调、监督的工作过程。按照通常理解,预防管理在先,应急处置在后,因此,接下来我们分别对管理和应急进行解析。

所谓管理,指的是与特定对象有关的组织、引导、调节、监督等称得上管理的工作。应急管理的管理可以从三方面来理解。首先,要对应急管理中的"管理"进行广义上的理解。应急管理如果从狭义上理解,就是与应急有关的管理工作,重点还是放在应急,但是未免显得太局限。管理的涵括性应当更强,应当理解为不仅仅包含应急管理在内的管理活动,还包含在应急管理部门职能范围内的安全生产、防灾减灾救灾等有关的一系列管理措施。其次,应急管理中的"管理"将往综合协调发展深化。备豫不虞,为国常道,各行各业各部门努力防范化解安全风险,把可能带来重大风险的隐患发现和处置于萌芽状态,各行各业各有各的专业,离不开各行各业各部门的协调协作,要防止系统性风险,对于风险的预判与防范化解需要综合协调部门的指导与统筹协调。应急管理部门的"管理"将不断深化,尤其是在议事机构层面的作用将越来越明显。最后,应急管理部门有自身职能范围内的管理领域、管理区域。应急管理部门的特定职能管理,是改革移转职能的延续,也是应急管理部门维持人员、技术状态,保持与提升管理能力,进一步提高风险预判、监测、防范、统筹协调能力水平的需要。

应急,顾名思义,就是人们对突发且需要紧急处理的事件的应对。应急管理部门的"应急",就是狭义上的应急管理,专门是指对职责范围内的突发事件的一系列应对措施,其中,包括在突发事件的事前预防、事发应对、事中处置和善后恢复过程中,通过建立必要的应对机制,应用科学、技术、规划与管理等手段,采取的一系列必要措施,从而保障人民群众的生命健康和财产安全的有关活动。2022年,国务院印发的《"十四五"国家应急体系规划》明确:到2025年,要形成统一指挥、专常兼备、反应灵敏、上下联动的中国特色应急管理体制,建成统一领导、权责一致、权威高效的国家应急能力体系;到2035年,要建立与基本实现现代化相适应的中国特色大国应急体系,全面实现依法应急、科学应急、智慧应急,形成共建共治共享的应急管理新格局。该规划对应急管理体制、体系与应急管理新格局的目标定位给出了方向。除此之外,对应急管理部门来说,应急管理中的"应急"将会往综合协调发展深化。居安思危、有备无患,要做到统一高效,依法、科学、智慧应急,对于协调协作机制的建立,信息资源的整合共享等,都需要综合协调，以此构成一张应急网。此外，综合性常备应急骨干力量、多种形式的应急救援力量的建设与作用发挥，也需要统筹推进，综合协调、统一调度。

实现中华民族伟大复兴是近代以来中国人民最伟大的梦想，也是贯穿党的百年奋斗的鲜明主题。实现伟大梦想，必须进行伟大斗争要更加自觉地防范各种风险，坚决战胜一切在政治、经济、文化、社会等领域和自然界出现的困难和挑战。习近平总书记强调："行百里者半九十。中华民族伟大复兴，绝不是轻轻松松、敲锣打鼓就能实现的。全党必须准备付出更为艰巨、更为艰苦的努力。"[①] 中华民族伟大复兴需要一代又一代人的努力，在实现中华民族伟大复兴的征程中，应急管理事业任重道远，应急管理系统人员身担重任，使命光荣。

第二节 应急管理的未来挑战

一、应急管理的内外环境

应急管理在我国建设现代化国家进程中扮演着重要角色。应急管理发展前景广、潜力大，在未来，应急管理将面临巨大的挑战。这些挑战主要来自内部与外部，内部环境与外部环境共同叠加，构成对应急管理的严峻考验。

内部环境，也可以说是国内环境，是由于国内各种因素，对应急管理产生影响，这些内部环境不仅是现有的，还有将来的。一是自然环境。众所周知，我国历来自然灾害频发，自然灾害种类多、损失严重。

[①] 习近平. 决胜全面建成小康社会 夺取新时代中国特色社会主义伟大胜利：在中国共产党第十九次全国代表大会上的报告[M]. 北京：人民出版社，2017：15.

我国自然灾害发生广泛、灾种多样、灾情严重。这是由我国所处的地理位置及地形地貌、生态环境等因素决定的。我国在应对各种自然灾害的能力上仍然需要提升。二是经济环境。党的十八大以来，我国围绕高质量发展的主题，以深化供给侧结构性改革为主线，以改革创新为根本动力，着力推动实体经济往高质量发展。高质量发展的提出，对企业的转型升级，尤其是加快从规模速度型转向质量效益型发展，提出了更高的新要求。当前，我国企业的转型升级已经进入全面深化发展的阶段。我国仍处于并将长期处于社会主义初级阶段，我国仍然是世界上最大的发展中国家，发展始终是第一要务。各项发展改革任务依然很艰巨，经济发展的过程必将带来各种各样的安全风险挑战。三是社会环境。随着社会的加快发展，我国社会的主要矛盾已经发生了变化，城乡发展、区域发展、群体发展等，与人民群众的需求还存在一定差距，发展的不平衡往往夹杂着安全基础设施等资源的不平衡，人们对安全保障方面的需求也更加突出。由经济发展带来的安全隐患叠加交错，新业态、新领域的安全风险增多，如前所述，风险社会中的风险依然存在，这些都给应急管理带来了巨大挑战。

外部环境，不仅仅是指国外环境，它的外延更广，还包括国外环境在内的人类环境。一是政治环境。当今世界并不太平，冷战思维、霸权主义、强权政治逆流涌动，传统与非传统安全威胁交织叠加，地缘政治风险较以往越发严峻，各种摩擦与动荡频繁加剧，大国之间的博弈与竞争、摩擦也不断增多。随着高科技的发展，气象武器、地震武器等地理武器的出现也不是不可能，这将加剧对我国安全环境的威胁，地震、干旱、洪涝、台风、大气污染、火山爆发等将构成巨大挑战。二是全球环境。由于自然因素、人口增长、经济发展、资源破坏等多种原因，地球环境不断恶化，全球环境将面临气候变暖、臭氧层破坏、生物多样性减少、酸雨蔓延、大气污染、水体污染等多种挑战。人类都生活在一个地球家园，由于"蝴蝶效应"，外部自然环境的破坏也会给我国国内带来不可估量的影响。三是人类发展环境。地球是目前所知的适合人类居住且有人类生命存在的星球，虽然人类对宇宙的认识还处在初始阶段，但随着人类科学技术的发展，人类对地球、对外太空的认识将不断加深，人类深知保护地球家园的重要性，也意识到在未来，在茫茫星辰中，地球可能面临着各种安全风险。外部环境各式各样的风险和挑战，风起云涌，即便是看似不起眼的苗头隐患，也可能衍生重大安全风险，进而可能发展成全局性、系统性风险，对我们构成安全威胁。

二、应急管理体系与能力现代化

习近平总书记指出："推进国家治理体系和治理能力现代化，就是要适应时代变化，既改革不适应实践发展要求的体制机制、法律法规，又不断构建新的体制机制、法律法规，使各方面制度更加科学、更加完善，实现党、国家、社会各项事务治理制度化、规范化、程序化。"①应急管理在国家治理体系与能力建设中具有特殊重要性，应急管理体系与能力现代化是国家治理体系和治理能力现代化的重要组成部分，直接影响国家的总体安全与永续发展。面对内部与外部环境的高度复杂性、深度不确定性，可预见与不可预见的风险交织，要求建立能够适应现代社会的体系并解决现代性问题的应急管理能力，同时，应急管理体系与能力处于创新发展的变迁过程。我国的现代化之路是在经济、政治、文化、社会、生态方面的综合体现。党的二十大再次明确提出，全面建成社会主义现代化强国，总的战略安排是分两步走：从 2020 年到 2035 年，基本实现社会主义现代化；从 2035 年到 21 世纪中叶，把我国建成富强、民主、文明、和谐、美丽的社会主义现代化强国。我国的应急管理体系与能力现代化也将在 2035 年的远景目标进程中实现。

---

① 习近平. 切实把思想统一到党的十八届三中全会精神上来 [J]. 求是，2014（1）：3-6.

应急管理体系与能力现代化建设，要求应急管理体系应当与时俱进，提升安全治理水平，坚持预防为主，推动安全治理向预防型转变，提高全社会防范和应对处置灾害事故能力。建立大安全大应急框架，建立完善应急救援体系，推动应急救援由应对单一灾种向"全灾种、大应急"转变，提升应急救援能力，形成共建共治共享的应急管理新格局。将来在国内，会进一步加强内地（大陆）与港澳台地区在应急管理方面的沟通交流；对外而言，我国将加强与边境邻国及其他国家在应急管理方面的交流与合作。未来的应急管理将是"陆海空天"领域的结合，覆盖城市、森林、沙漠、草原、湿地等陆地，海洋、湖泊、江河等水域，以及航空航天领域。

应急管理体系与能力的现代化可以概括为四个特征，分别是专业化、科学化、法治化、智能化。第一，应急管理的专业化。专业化意味着应急管理工作的专业性，应急管理技能的精专程度，也意味着应急管理队伍实现了职业化。第二，应急管理的科学化。科学化意味着符合客观规律，它是建立在可检验的解释和对客观事物的形式、组织等进行预测、高度总结的有序的知识系统之上。所以，制度化、程序化、规范化是科学化的后续。制度化说明应急管理活动以制度形式确立，按制度办事；程序化重在流程、秩序，说明应急管理活动是要按照规定、既定的流程实施，当然，制度规定也不排除现场的灵活性；规范化意使应急管理活动按照规范、制度和规程等实施，去繁从简，以达有序，从而获得效率和效果。制度化、程序化、规范化是应急管理科学化的应有之义。第三，应急管理的法治化。应急管理的法治化与制度化有所不同。制度化是以制度为依据，而法治化的依法是以上升为法律法规的法，作为应急管理活动的规范、制约。法治化除了应急管理的法制建设外，关键在人。"全面推进国家各方面工作法治化，关键在人，要紧紧抓住领导干部这个'关键少数'。各级领导干部要善于运用法治思维和法治方式治国理政，提高运用法治思维和法治方式深化改革、推动发展、化解矛盾、促进稳定、塑造安全、应对风险的能力和水平。"① 第四，应急管理的智能化。信息化技术下的风险评估、隐患排查、监测预警，将为应急管理体系与能力的现代化提供技术支撑。随着信息技术与科学技术的发展，物联网、大数据、人工智能、5G 技术等的应用，将为应急设施设备、应急救援装备装上科技之翼。

在当代中国，治理方略的倾向与选择、治理模式的构建与发展，应当根植于中国本土实践，同时内生于中国发展的需要。如果将西方现代化模式进行简单移植，难免产生水土不服的现象，结果就会适得其反。我国应急管理体系与能力现代化建设是中国特色的应急管理现代化之路。要充分发挥我国应急管理体制的特色和优势，加快推进应急管理体系和能力现代化，走中国式现代化道路，实现应急管理的跨越式发展。

三、应急管理的风险防范

应急管理的风险防范与应急管理下的风险防范有所不同。应急管理下的风险防范，是对于风险的防范化解，属于应急管理对风险的应对。这里所说的应急管理的风险防范，首先是应急管理的风险，也就是应急管理本身附着的风险；其次才是讲求对于应急管理的本身风险要如何进行防范。目前，对应急管理所附着的风险研究少，应急管理的本身风险容易被人忽视，未来应急管理的风险研究的思路拓展可以尝试从应急管理本身的风险切入。

至于应急管理的风险，本书主要概括出四种风险。

一是应急管理的制度性风险。风险社会中，我们一直在危险与安全之间博弈，通过一系列制度的创建运行对"实现安全避免危险"进行规范。但无论制度如何密不透风，其本身都附带另一种风险，即制度运

---

① 张文显. 全面推进国家各方面工作法治化 [J]. 法制与社会发展, 2022 (6): 2+229.

转失灵的风险，因此，制度性风险就产生了。应急管理下的风险防范通过一系列防范化解风险的制度机制来运作，在运行过程中，制度性运转失灵或失范，就是应急管理的制度性风险，将导致应急管理失效。

二是应急管理的责任风险。安全风险的防范化解并非万无一失，应急管理过程中还存在着可预见与不可预见的风险，即便是处于安全的状态下，也可能面临着危险的随时降临。在这种情况下，应急管理的责任承担还可能存在风险。"风险防控举措所带来的风险并不比风险意识缺乏所带来的风险更小，恰恰相反，甚至还能引起社会风险的各种连锁反应。"①

三是应急管理的决策风险。在应急管理领域，对安全隐患的消除、对安全措施的采用，有固定的可供执行的依据来处置，但是即便如此，当时的决策也可能是根据先前经验所得或现场决策，所采取的应对方案并非就能保证牢不可破；灾害事故应急救援处置现场更是瞬息万变，二次爆炸、二次坍塌等或许偶然，所做出的应急救援决策面临着风险的考验。

四是应急管理的懈怠风险。应急管理的主观懈怠，将是风险的摇篮。应急管理的懈怠、无知与意识缺乏又存在区别。无知与意识缺乏可以通过提高来扭转，懈怠只能通过改变实现彻底转变。对安全隐患的无视，对安全风险的藐视，在风险面前的无意应对，还有侥幸心理的作怪，这些都是主观方面最可怕的风险。

应急管理的制度性风险与责任风险属于客观方面的风险，而应急管理的决策风险与懈怠风险可以视为主观方面的风险。在应急管理的风险防范解决方案上，我们采取的是在应急管理风险防范主要坚持的几项原则上进行考虑。在制度性风险、责任风险、决策风险与懈怠风险的应对上，无非是通过制度设计、机制建立来解决，但是回避不了制度性风

---

① 季卫东. 决策风险、问责以及法律沟通 [J]. 政法论丛，2016 (6): 3-16.

产生的悖论。因此，在上述各类风险的应对上，要专门从上述风险本身入手，亦即从制度、责任、决策及懈怠入手，以在由制度性风险、责任风险、决策风险及懈怠风险造成的不良后果发生之前，将风险化解。

那么，如何从上述风险本身入手，将应急管理的风险化解，本书提出了以下三项原则，这三项原则围绕上述风险本身是需要注重与坚持的。

第一，合法合理原则。"我们或许可以得出结论说，法律制度乃是社会理想与社会现实这二者的协调者。根据一般社会经验，我们可以说它处于规范与现实之间难以明确界定的居间区。"[1] 合法性问题与合理性问题共同构成法律适用的两个面，它们是法律适用正当性与正确性的评判标准。同理，合法合理性原则可以适用在应急管理制度的制定、适用贯彻上，也可以适用在应急管理的责任分配、承担上，还可以规范应急管理的决策的做出。

第二，弹性原则。弹性原则主要针对的是对象、环境的复杂性、多变性，能够通过原则性与灵活性的有机统一，在一定程度上做到动态调整、科学选择，避免"捉襟见肘"和"束手无策"。应急管理的制度性风险对指向的制度的制定、适用贯彻，应急管理的决策风险指向的决策做出，都可以在动态中应用弹性原则，以随时进行调整来化解风险。弹性原则在应急管理的责任承担上也有应用的一席之地。责任承担上的弹性原则不是遗漏、逃避责任，而是科学定性与划分责任，有利于应急管理行为。如应急管理部制定的部门规章《应急管理行政执法人员依法履职管理规定》（2022年10月13日应急管理部令第9号公布，自2022年12月1日起施行），其第十一条规定："在推进应急管理行政执法改革创新中因缺乏经验、先行先试出现的失误，尚无明确限制的探索性试

---

[1] 博登海默.法理学：法律哲学与法律方法[M].邓正来，译.北京：中国政法大学出版社，2017：259.

验中的失误，为推动发展的无意过失，免予或者不予追究行政执法责任。但是，应当及时依法予以纠正。"

第三，监督原则。《中共中央关于坚持和完善中国特色社会主义制度　推进国家治理体系和治理能力现代化若干重大问题的决定》中有关权力监督的规定，体现了国家对权力运行规律认识的深化，是对权力制约监督的创新探索。监督原则贯穿应急管理的制度性风险、责任风险、决策风险与懈怠风险的全流程、全领域。有权必有责，用权受监督，权力运行与对权力运行的监督应当并驾齐驱。对应急管理的制度性风险指向的制度的制定、适用贯彻，应急管理的决策风险指向的决策做出，应急管理的责任分配与承担，都需要坚持监督原则。对于应急管理的懈怠风险，当前的追责制度已保持高压态势，需同时在监督层面发力，把主观上的懈怠彻底扭转过来。

第三节　应急管理的国际化趋势

一、全球灾害预防和治理

近年来，在全球范围内，各类自然灾害呈现高发、频发态势，全球巨灾事件凸显。即便是在高度发达的社会，也会发生建筑火灾、特定场所火灾、森林火灾等重大灾害。如何应对全球灾害是每个国家需要研究与面临的问题，同灾害抗争也是人类生存发展的永恒课题。人类需要在全球灾害预防和治理上继续给予重视。首先，灾害的发生具有普遍性。人类社会的发展及其他的发展，对全球环境造成了直接影响。人类生存的环境多种多样，整个人类社会、整个地球环境都是一个系统，环境系统呈现不稳定进而会发生各类自然灾害，包括人类社会领域内的各种灾害事件。全球灾害具有全球性。其次，全球灾害是这个不确定性时代的必然产物。在风险社会下,不确定性因素增多,各类因素相互作用,导致的将是风险交织。风险交织作用下的灾害发生的概率必然加大。全球威胁已经导致已知的风险规律基础受到削弱甚至失效。人类要发展必然不能回避这些风险,只能竭力而为,继续加深对风险规律的理解与研究,从而提高全球灾害预防和治理的能力。最后,全球灾害的预防和治理是人类命运共同体的内在要求。全球灾害由不同区域、范围内的灾害构成,灾害之间往往有关联,对有关区域均能辐射,而不论国家之间的边界。国与国之间虽然存在边界,但一个国家发生的灾害事件特别是自然灾害能够涉及相邻国家,如上、中、下游涉及多国的水流、邻国的森林破坏、森林火灾等。甚至有些重大灾害事件已经超越了单个国家的自救能力,这就需要其他国家的协助,才能取得更好的减灾、救灾效果。和平与发展是人类永恒的话题,加强灾害风险防范,提升应急管理能力是全球灾害预防和治理的共同要求。

全球灾害的预防和治理也呈现出这几个特点,一是各地情况不一。每个国家处的地理位置不同,地质、环境不同,面临的灾害种类也不相同,地震、海啸、洪涝、干旱、地质灾害、森林火灾等,每个国家都有自己的预防与治理重点。国家在长期应对本国的灾害类型时,能够经过长时间的基础建设、经验积累等一系列的措施,具备本国领域内的应对灾害的能力。二是能力有差别。在发达国家,通常有足够的资金、人员等投入加大对本国灾害的预防与治理,有些欠发达国家也可以在足够重视的情况下对某一或某几个种类的灾害表现出足够的应对能力。每个区域应对灾害的能力并不相同,在全球范围内,灾害的应对基础建设还存在不均衡现象,发展中国家在应对灾害的能力方面普遍较弱,并不能在全球范围内形成有效应对全球灾害的防护网。欠发达国家的参与全球灾害治理作用的发挥往往比较局限。三是单独作战与合作并存。对灾害的预防和治理首先是一个国家范围内的事。如今,全球化的发展在延续,各国都需要跨出国门,力求在灾害的预防和处置方面开展交流和合作,促进本国应对灾害的能力建设，维护全球的安全稳定。全球灾害的预防和治理需要全球每个国家的共同努力。基于各国相互间的合作共赢，在国际组织层面、国家与国家层面，全球灾害预防和治理已加快步伐。

习近平总书记指出："党的十八大以来，我们提出践行正确义利观，推动构建以合作共赢为核心的新型国际关系、打造人类命运共同体，打造遍布全球的伙伴关系网络，倡导共同、综合、合作、可持续的安全观，等等。这些理念得到国际社会广泛欢迎。要继续向国际社会阐释我们关于推动全球治理体系变革的理念，坚持要合作而不要对抗，要双赢、多赢、共赢而不要单赢，不断寻求最大公约数、扩大合作面，引导各方形成共识，加强协调合作，共同推动全球治理体系变革。"[①] 中国始终是世界和平的建设者、全球发展的贡献者、国际秩序的维护者，也是全球治理体系改革和建设的重要推动者。提高我国参与全球治理的能力，将发挥大国担当与责任，为国际治理体系的改革和创新贡献中国智慧，助力构建人类命运共同体。

二、应急管理的交流合作

此处要探讨的应急管理的交流合作是指应急管理的对外交流和对外合作，这里主要围绕我国作为主体来讨论。应急管理的国际交流，主要是指国家政府组织、非政府组织之间在应急管理领域的联系沟通、交流对话。应急管理的国际交流的形式比较多样，可以是相互访问、单向或双向培训、开展研讨交流、组织线上或线下会议对话等，它是实现应急管理信息共享、应急管理经验交流、促成应急管理能力建设的有效渠道。应急管理的国际合作是国家政府组织、非政府组织之间在应急管理领域开展的互惠互利的政策协调行为，它通常通过签订合作文件的形式实现。本书定义的应急管理是广义的概念，而应急管理的对外交流和对

---

① 习近平.习近平谈治国理政：第 2 卷［M］.北京：外文出版社，2017：450.

外合作也就是以我国作为主体意义上的应急管理国际交流和国际合作。应急管理的国际交流和国际合作都是国际互动的一种基本形式，交流与合作往往结合在一起。应急管理的国际交流与合作是构建人类命运共同体的内在要求。

近年来，我国应急管理对外交流与合作取得了积极成效。我国持续加强与《改变我们的世界——2030年可持续发展议程》《2015—2030年仙台减轻灾难风险框架》《巴黎协定》等国际倡议和发展战略对接，加强与联合国减灾办、国际劳工组织、国际民防组织等国际组织的沟通协调，加强与联合国减灾办（UNDRR）、人道主义事务协调办公室（OCHA）、国际劳工组织（ILO）等相关联合国机构的沟通协作，以及与其他国际和地区的对话交流，推动在防灾减灾、应急救援、安全生产等领域开展合作，发起并推进"一带一路"自然灾害防治和应急管理国际合作机制建设，通过了《"一带一路"自然灾害防治和应急管理国际合作北京宣言》，为践行人类命运共同体理念，促进构建全球发展命运共同体做出新的贡献。《"十四五"国家应急体系规划》也提出："增进国际交流合作。加强与联合国减少灾害风险办公室等国际组织的合作，推动构建国际区域减轻灾害风险网络。……创办国际合作部长论坛。推进中国—东盟应急管理合作。积极参与国际大科学装置、科研基地（中心）建设。"

在挑战和机遇并存面前，我国应急管理对外交流与合作应当注重战略规划，要在这几个方面有所加强。第一，强化主导、引领作用。要在国家外交战略布局下，有序拓展有关国家在应急管理领域的交流合作，做到纵深推进。进一步加强与有关国际组织机构的联系，深化与国际组织的合作机制，发挥其沟通纽带作用。实施"走出去"战略，创新机制、主动构建，提高中国国际话语权。第二，拓展合作广度与深度。通过在国际减灾战略和政策标准、应急响应与救援、安全生产等大框架下，探索可行的合作项目，细化必要合作内容，不断扩展应急管理合作新领域。不仅政府间组织,有关社会企业、科研院所、社会团体等组织也应当紧跟国家脚步,开展交流与合作,不断拓展合作的主体与范围。第三,注重应急管理人才建设。灾害及其相关基础学科分散在不同学科门类,涉及多个学科,要从国内国际需求出发,注重加强人才培养与发展,从应急管理的不同领域建设适合国际化需求的人才队伍。第四,加强应急管理理论研究。针对我国应急管理理论研究的短板,进一步加强应急管理的全链条研究,深化对有关规律的认识,研发突破关键技术。

三、中国应急管理国际话语权

当今的世界是开放的世界,中国的发展离不开世界,世界的发展也离不开中国。中国的和平崛起必然给国际社会带来更多机遇、更大合作空间,中国已成为维护世界和平一支重要又坚实的力量。中国的国际话语权力量是在履行负责任大国的实践中不断提升的,在推动中国国际话语体系建设的过程中,也要增强中国应急管理领域国际话语说服力,建立与中国综合国力和国际地位相匹配的应急管理国际话语权。

应急管理国际话语权虽然与综合国力相关,但我们正是要通过这个机遇提高中国的国际影响力,提升中国良好形象,增强中国话语说服力。增强中国应急管理国际话语权,也要注重应急管理战略、规划,实施"走出去"战略,重点规划实现路径。一方面,要提升中国应急救援影响力。打铁还需自身硬,要在推进中国应急救援体系建设的基础上,使中国应急救援能力达到高水平,让更多的专业队伍获得国际认证,能够有资格、有能力走出国门,承担国际救援行动。国内应急救援与参与国际救援是互相促进的,参与国际救援以国内应急救援达到一定水平作为基础,参与国际救援又能提高应急救援队伍能力。另一方面,要注重在国际政策法规标准的作用发挥。增强应急管理国际话语权涉及很多方面的需求,需要以自身实力作为支撑,以包括硬件、软件在内的各种条件作为需求,但我国在国际政策法规标准上的作用发挥是关键。

如 2022 年 10 月，由中国牵头制定的首个自动驾驶测试场景领域国际标准《道路车辆自动驾驶系统测试场景词汇》（ISO 34501）正式发布。在 2022 国际标准化大会上，国际电工委员会提出，由中国牵头制定全球首个新型电力系统关键技术国际标准框架体系。这些都是我国在特定领域拥有国际话语权的体现。注重与提高我国在应急管理领域国际政策法规标准方面主体作用的发挥，将给我国应急管理领域带来长远发展意义。

中国的和平发展与和平崛起，不仅将极大推进世界现代化进程，也将为人类和平与发展事业贡献中国智慧、中国方案。增强中国应急管理国际话语权，使我国在应急管理国际交流合作领域发挥引领和主导作用。接下来的努力方向是，着力推进应急管理与中国式现代化相适应，实现应急管理体系和能力现代化，践行人类命运共同体理念。"一个不断走向现代化的中国，必将为世界提供更多机遇，为国际合作注入更强动力，为全人类进步作出更大贡献！"①

---

① 习近平. 共迎时代挑战 共建美好未来：在二十国集团领导人第十七次峰会第一阶段会议上的讲话 [N]. 人民日报，2022-11-16 (2).

参考文献

一、中文

（一）著作类

[1] 习近平. 习近平谈治国理政：第1卷 [M]. 北京：外文出版社，2014.

[2] 习近平. 习近平谈治国理政：第2卷 [M]. 北京：外文出版社，2017.

[3] 习近平. 习近平谈治国理政：第3卷 [M]. 北京：外文出版社，2020.

[4] 习近平. 习近平谈治国理政：第4卷 [M]. 北京：外文出版社，2022.

[5] 习近平. 决胜全面建成小康社会 夺取新时代中国特色社会主义伟大胜利：在中国共产党第十九次全国代表大会上的报告 [M]. 北京：人民出版社，2017.

[6] 马克思，恩格斯. 马克思恩格斯全集：第3卷 [M]. 北京：人民出版社，1960.

[7] 白建军. 法律实证研究方法：第2版 [M]. 北京：北京大学出版社，2014.

[8] 王守国. 电子元器件的可靠性 [M]. 北京：机械工业出版社，

2014.

[9] 饶玉柱,张权,李睿深. 信息化国家治理 [M]. 北京:电子工业出版社,2018.

[10] 朱力. 转型期中国社会问题与化解 [M]. 北京:中国社会科学出版社,2012.

[11] 祁一平. 国家治理现代化与腐败治理 [M]. 北京:中国发展出版社,2016.

[12] 杨华锋. 协同治理:社会治理现代化的历史进路 [M]. 北京:经济科学出版社,2017.

[13] 唐钧. 社会治理与社会保护 [M]. 北京:北京大学出版社,2018.

[14] 张兴华. 问题与对策:当代中国国家治理研究 [M]. 北京:中国社会科学出版社,2017.

[15] 新制度主义政治学译文精选 [M]. 何俊志,任军峰,朱德米,编译. 天津:天津人民出版社,2007.

[16] 张华. 以行政授权立法为视角论公安派出所消防行政处罚权 [C] //公安部,消防局,全国标准化技术委员会. 全国优秀消防法治论文集:2013. 北京:国家行政学院出版社,2014.

[17] 博登海默. 法理学:法律哲学与法律方法 [M]. 邓正来,译. 北京:中国政法大学出版,2017.

[18] 贝克. 风险社会:新的现代性之路 [M]. 张文杰,何博闻,译. 南京:译林出版社,2022.

[19] 布伦纳梅尔. 韧性社会 [M]. 余江,译. 北京:中信出版社,2022.

[20] 利迪,奥姆罗德. 实证研究:规划与设计 [M]. 吴瑞林,史晓晨,译. 北京:机械工业出版社,2015.

[21] 小野清一郎. 犯罪构成要件理论 [M]. 邓正来, 译. 北京: 中国人民公安大学出版社, 2004.

[22] 维尔切克. 万物原理 [M]. 柏江竹, 高苹, 译. 北京: 中信出版集团, 2022.

[23] 格鲁尼格, 等. 卓越公共关系与传播管理 [M]. 卫五名, 等译. 北京: 北京大学出版社, 2008.

[24] 杰夫金斯. 公共关系 [M]. 陆震, 译. 兰州: 甘肃人民出版社, 1989.

[25] 李普曼. 舆论 [M]. 常江, 肖寒, 译. 北京: 北京大学出版社, 2018.

（二）期刊类

[1] 习近平. 切实把思想统一到党的十八届三中全会精神上来 [J]. 求是, 2014 (1).

[2] 何明升. 智慧社会: 概念、样貌及理论难点 [J]. 学术研究, 2020 (11).

[3] 马长山. 智慧社会的基层网格治理法治化 [J]. 清华法学, 2019 (3).

[4] 张志铭. 关于中国法律解释体制的思考 [J]. 中国社会科学, 1997 (2).

[5] 胡安雄. 易地扶贫搬迁安置社区消防安全实证研究 [J]. 中国消防, 2021 (10).

[6] 文军, 刘雨婷. 不确定性社会的"风险"及其治理困境 [J]. 江苏行政学院学报, 2022 (3).

[7] 谢友倩. 马克思主义之风险社会批判 [J]. 南京政治学院学报, 2014 (1).

[8] 向淼, 郁建兴. 运动式治理的法治化: 基于领导小组执法行

为变迁的个案分析[J].东南学术,2020(2).

[9]陈家建,张琼文.政策执行波动与基层治理问题[J].社会学研究,2015(3).

[10]周雪光.运动型治理机制:中国国家治理的制度逻辑再思考[J].开放时代,2012(9).

[11]唐贤兴.中国治理困境下政策工具的选择:对"运动式执法"的一种解释[J].探索与争鸣,2009(2).

[12]郑作彧.时间形式的时候化:社会时间形式的改变及其当代现状[J].学习与探索,2018(1).

[13]姜伟.犯罪过失与免责理论[J].中国法学,1994(2).

[14]许发民.论社会发展进步与犯罪构成要件的敛缩[J].政治与法律,2002(5).

[15]张明楷.论被允许的危险的法理[J].中国社会科学,2012(11).

[16]韩博雅,郑雪.非法经营罪司法扩张之检视与反思[J].人民论坛,2021(2).

[17]王璐.合法性与合理性:关于微博谣言法律规制问题的实证研究[J].河北法学,2013(4).

[18]袁博.论扩张解释在刑事案件中的应用:以司法实务中疑难案件的审判为视角[J].政治与法律,2013(4).

[19]李永升,袁汉兴.我国经济刑法中"僵尸罪名"的检讨与调适[J].湖南社会科学,2020(6).

[20]齐文祥,周详.论刑法解释的基本原则[J].中国法学,2004(2).

[21]欧锦雄.犯罪构成概念的新视域[J].天津法学,2018(4).

[22] 杜玉龙, 邓慨廉, 毛星, 等. 构建高可靠性的组织消防体系策略研究 [J]. 消防科学与技术, 2018 (9).

[23] 商钧, 余博泉, 刘潜, 等. 安全本质化与本质安全化概念初探 [J]. 中国安全科学学报, 1992 (2).

[24] 董正亮, 王方宁, 郭启明, 等. 杜邦安全文化与企业本质安全 [J]. 安全与环境工程, 2008 (1).

[25] 查有梁. 什么是模式论? [J]. 社会科学研究, 1994 (2).

[26] 许正权, 宋学锋, 吴志刚. 本质安全管理理论基础: 本质安全的诠释 [J]. 煤矿安全, 2007 (9).

[27] 殷杰, 王亚男. 社会科学中复杂系统范式的适用性问题 [J]. 中国社会科学, 2016 (3).

[28] 吴海红, 吴安戚. 基层减负背景下"责任甩锅"现象透视及其治理路径 [J]. 治理研究, 2020 (5).

[29] 王欢. 涉警舆情反转的生成机理与治理: 以庆安枪击案为研究样本 [J]. 湖北警官学院学报, 2017 (3).

[30] 吕普生. 中国行政执法体制改革40年: 演进、挑战及走向 [J]. 福建行政学院学报, 2018 (6).

[31] 李林. 推进新时代"枫桥经验"的法治化 [J]. 法学杂志, 2019 (1).

[32] 彭辉, 周莹青. 推进行政执法(管理)力量下沉的对策研究: 以上海市闵行区为例 [J]. 中共桂林市委党校学报, 2019 (4).

[33] 张文显. 中国社会转型期的法治转型 [J]. 国家检察官学院学报, 2010 (4).

[34] 秦晓蕾, 李延伟. 治理效能提升视阈下公民参与治理创新的制度化之路: 基于南京市机关作风群众评议18年演变历程的分析 [J]. 治理研究, 2020 (4).

[35] 师容. 新时代"枫桥经验"在城市基层社会治理中的适用研究 [J]. 天津行政学院学报, 2020 (1).

[36] 邵青, 周鸿勇. 无缝隙政府: 城市精细化治理研究的新视角 [J]. 学习与实践, 2020 (5).

[37] 张徽林. 风险治理过程中的法律规制模式转型 [J]. 科技与法律, 2012 (6).

[38] 鲁敏. 变迁与失衡: 转型期地方政府的权责配置研究 [J]. 云南社会科学, 2012 (1).

[39] 张文显. 全面推进国家各方面工作法治化 [J]. 法制与社会发展, 2022 (6).

[40] 季卫东. 决策风险、问责以及法律沟通 [J]. 政法论丛, 2016 (6).

[41] 阿赫特贝格. 民主、正义与风险社会: 生态民主政治的形态与意义 [J]. 周战超, 编译. 马克思主义与现实, 2003 (3).

[42] 拉什. 风险社会与风险文化 [J]. 王武龙, 编译. 马克思主义与现实, 2002 (4).

[43] 贝克. 风险社会再思考 [J]. 郗卫东, 编译. 马克思主义与现实, 2002 (4).

[44] 卡波奇, 凯莱曼. 关键节点研究: 历史制度主义中的理论、叙事和反事实分析 [J]. 彭号阳, 刘义强, 译. 国外理论动态, 2017 (2).

(三) 报纸和电子文献类

[1] 习近平. 共迎时代挑战 共建美好未来: 在二十国集团领导人第十七次峰会第一阶段会议上的讲话 [N]. 人民日报, 2022-11-16 (2).

[2] 珠海成立镇(街)消防救援分局 [N]. 中国应急管理报,

2021-01-14（1）.

［3］广东省消防救援总队跑出改革发展"加速度"［N］. 南方日报，2022-01-09（A5）.

［4］山区消防治理的梅州强基探索 梅州加快推进消防治理体系和治理能力现代化建设［N］. 南方日报，2021-12-22（A2）.

［5］山区消防治理的"谋"与"动"［N］. 南方日报，2022-11-23（A5）.

［6］防患于未"燃"：中国十年火灾大数据警示［EB/OL］. 新华网，2022-04-12.

［7］国家消防救援局今日挂牌［EB/OL］. 广西壮族自治区消防救援总队网站，2023-01-06.

［8］全国消防宣传工作会议召开［EB/OL］. 澎湃网，2020-12-12.

［9］示范引领，走在前列！佛山市基层消防安全治理体系建设经验向全国推广［EB/OL］. 搜狐网，2022-09-23.

二、外文（论著类）

［1］DOUGLAS M. Risk and Blame：Essays in Cultural Theory［M］. London：Routledge，1992.

［2］LUHMANN N. Risk：A Sociological Theory［M］. New York：Walter de Gruyter，1993.

［3］SUN W. Observation：The Theory of Niklas Luhmann［D］. Ohio：The Ohio State University，2002.

［4］BOLLINGER R E，CLARK D G，DOWELL R M，III，et al. Inherently Safer Chemical Processes：A Life Cycle Approach［M］. New York：Wiley-AIChE，1997.

[5] MARI H A, YNGVE M, MINNAET N, et al. Challenges in risk management in multi-company industrial parks [J]. Safety Science, 2010, 48(4).

[6] DEAN M. Risk: Calculable and Incalculable [M] //LUPTON D. Risk and Sociocultural Theory: New Directions and Perspectives. Cambridge: Cambridge University Press, 1999.